お祈りメール来た、日本死ね

「日本型新卒一括採用」を考える

海老原嗣生

文春新書

1105

はじめに

タイトルに出てきた「お祈りメール」というのは、就活生に企業から送られてくる不採用通知のことだ。不採用のことを、「ご縁がなかった」と表し、末尾には「今後の発展をお祈り申し上げます」と書く。慇懃かつ紋切型なその様を、学生たちは「お祈りメール」と揶揄するのだ。

ちょっと真面目に就活をする学生なら、こんなお祈りメールが100通も来てしまう。だから多くの就活生は悩み傷つく。

実は、こんな形で大学在学中に学生たちが、「就活」するのが一般化しているのは、世界広しといえども日本（とあと数か国）だけなのだ。

また、学生たちが就職できる・できないで国を挙げて大騒ぎしているのも、日本（とあと数か国）だけの不思議な現象ともいえる。

だから日本型の新卒一括採用に関しては批判や疑問がつきまとう。

では他の国では学生たちはどのように仕事に就いていくのか？

これがけっこう誤解を含んだまま中途半端に理解されている。

たとえば、欧米では就活なんかせずとも仕事に就けるとか、卒業後何年たっても採用されるとか、公的な職業訓練が整い失業の心配がないとか、企業が若者育成のためにボランティアで実習の場を提供しているとか……。

まあ、聞こえのよい話ばかりが広まっているのだ。そんな「すてきな一面」だけを聞かされたら、就活生は日本に生まれた恨み節を語りたくもなるだろう。

この本では、もう少し詳しく、若者がどのように職に就くのか、過去の日本や欧米社会の実状に迫り、そこから雇用や労働を総括的にとらえて行きたい。就職という多くの人が経験した身近な事象を入口にして、本格的に雇用や労働システムについて、理解するきっかけにしていただければ、と思っている。

それぞれの国は、それぞれたどった歴史が異なり、結果、社会の構造が大きく異なっている。その最たるものが雇用システムなのだ。どの国のそれも、一長一短があり、万能といえるものはない。そして、その仕組みは、社会構造の中で、周囲と密接にかかわりながら成り立つ。だから、よその国の良い側面をそれだけ単体で移植することなど不可能だ。

理想論が実現しない理由はそこにある。

この本では、就活とそれを取り巻く日本社会を少しホリスティック（全体的）にとらえて、ぎりぎりの線で、変えられること、守るべきことなどを考えていきたい。

差出人:　株式会社●●商事　送信日時:　2016/08/10 (水) 15:00
宛先:　××太郎
CC:
件名:　採用試験 結果通知

××太郎様

先日は当社の採用試験にご応募いただき、
誠にありがとうございました。

さて、厳正なる選考の結果、
貴方様の採用を見送らせていただくこととなりましたので、
ご通知申し上げます。

残念ながら当社とはご縁がございませんでしたが、
あしからずご了承ください。

今後のご発展を心よりお祈り申し上げます。

株式会社●●商事
人事部 採用担当
http://www.●●.com/

お祈りメール来た、日本死ね——「日本型新卒一括採用」を考える◎目次

0章　就活って今、どうなってるの？　何が問題なの？

インターネットが変えた？　就活の流れ

最初に、現在の就活の流れについて簡単に説明しながら、論点を整理していきたい。
大学生は学生生活の終盤になると、以下のような流れで就活を進めることになる。

①就職ナビサイト（ネット上で新卒求人を掲載するサイト。以下、就職ナビ）に企業が新卒採用情報を掲載する。
学生は個人情報を就職ナビに登録し、気に入った企業の採用情報があれば、興味があることを示すために「プレエントリー」ボタンを押す。
②プレエントリーした学生の登録情報が企業側に集まる。人気企業だと数万人の学生から「興味あり」という意思表示を受けることになる。
③企業は、こうしてプレエントリーした自社に興味のある学生を、会社説明会に勧誘する。
④説明会では会社の事業・職務内容・採用したい人物像などを説明し、質疑応答を行う。場合によっては、そのあとに集団討議（グループディスカッション）や筆記試験などを行うこともある。

⑤説明会に参加した学生たちから応募を募る。エントリーシート（応募趣意書）と履歴書を提出させるケースが多い。
⑥企業はエントリーシートや履歴書を読み込み、その中から、自社が採用したい学生に、書類選考通過の連絡をする。この段階で、かなり多くの応募者が、書類選考を通らず、「お祈りメール」をもらうことになる。
⑦書類選考通過者は、面接を3～4回経て、内々定に至る。この過程で多数の応募者が不合格となり、やはり「お祈りメール」をもらうことになる。
⑧こうして内々定に至った学生たちは、入社内定式を経て正式な内定に辿り着く。

インターネットが広く浸透した現代の日本では、就活もネット抜きには語れない。この工程のうち、①②③⑤⑥は、ほぼネット上で完結し、④⑦⑧に関してもネットを介しての連絡が基本となるからだ。

この側面をとらえて、「ネットが就活を変えた」という人や、「就職ナビが就活を悪くした」と唱える人がいる。

ただ、就活の問題とは、そんな簡単な話ではない。

アナログ時代は今以上に不満がたまる構造だった

問題の本質に迫る前に、ネットが普及する前の就活を振り返っておこう。

ほんの10年ちょっと前までは、こんな流れで就活は進められていた。

①大量の新卒採用情報が掲載された雑誌が、各大学生の手元に届く。
②それを見て学生たちは、気に入った企業に巻末の応募はがきを書いて出す。
③そうして集まった学生の情報を企業はデータベースに手打ちで入力し、欲しい人材を会社説明会に呼び出す。
④そこから先は、本応募→面接となる。

新卒採用情報を掲載する雑誌が廃刊になったのは2005年前後のことだから、その直前まで、こうした就活スタイルは続いていたといえよう。

当時の就活の流れも、今とそんなに変わりはしない。ただ、ネットの機能の一部が、「雑誌」や「はがきもしくは電話」に置き換わっただけのことだ。その途上で、「手打ち」

「郵送」などの行為が発生するので、手間が異常にかかったことだけは確かだ。

たとえば今ならボタン一つですむプレエントリーが、当時は一社一社、自分の所属や略歴、一言アピールなどを「はがき」に手書きしなければならなかった。

当時だと、企業はそうして集まった情報を手打ちでデータベースに入力する。その際、とても全員分を入力できないから、そのまま捨て置かれる学生も多かった。彼らははがきを出しても、何の返事も来ずに終わるのだ。

しかも、企業はそもそも、ターゲットになっていない大学生には、自社の新卒求人を送りもしない。そこで、多くの学生は、人気企業の新卒求人など知らないまま、就活は終わっていた。

さらに、ネットがなければ、企業は応募した学生すべてに選考結果の返信をすることもできない。その代わりに「二週間以内に連絡のない場合は、不合格」と求人情報に告知し、選考落ちした学生は、そのまま放置された。そう、当時は「お祈りメール」さえなかったのだ。

比べてみればわかるだろう。就活の流れは昔も今も変わらない。ネットが悪いというより、ネットの登場で、企業も学生もかなり手間が削減でき、連絡も密になり、そして、情報の公開度合も高まった。その分、落ちる回数も増え、痛みが増幅された、というべきだろう。

「いやいや、就職ナビの登場で、学生の横並び意識が高まり、早期化が進んだのではないか」という弊害を指摘する人もいる。が、これについては、1章の§1をご覧いただきたい。ネットなどなかった1960年代の高度成長期や、1980年代末のバブル期、そしてネットの浸透が浅かった2000年前後でも、今以上に早期化が進んでいた時代があることがわかる。

そう、就活問題とは、ネットや就職ナビなどに責任転嫁して終われる話ではないのだ。

「就活問題とは、日本型雇用のひずみ」という視点

実際、日本では大学生の就活問題は、100年近くも昔からすでに存在していた。この状況も1章§1にて詳細に記している。

なぜ、このような問題が起きてしまうのか。そして、なぜ、欧米では起きないのか。

その理由は、最終的には「日本の特殊な雇用システム」に行き着く。雇用や労働の仕組みについて、あまり詳しくない読者の方には、この意味がなかなか分かりづらいだろう。

そこでここでは、ざっと簡単になぞる程度にそれを説明しておく（詳細については、2章と3章をご覧いただきたい）。

欧米は、職務をしっかり決め、それに合った人を採用する。

日本は、職務はあらかじめ決めず、基礎能力と将来性、そして社風に合うかどうか、で人を採用する。

この違いが、新卒採用という問題を生み出してしまったのだ。

基礎能力と将来性、そして社風に合うかどうか（＝「肌合い」）だけであれば、採用はこんな風になっていく。

①基礎能力については、学校名である程度、識別できる。そのため、大学名偏重の一次選考がなされるようになる。

②将来性や肌合いについては、明文化できない（しても意味がない）ために、面接が選考の中心となり、さらに、リクルーターやOB訪問などを通した全人格把握による採用となっていく。そのため、選考基準が不明確となる。

③こうした基礎能力と将来性、肌合いでの採用となると、大学での学業はあまり重視され

ない。そこで、企業の採用選考は、どんどん早期化し、学業阻害が大きくなる。
④学生側は何をすれば入れるのか基準がわからず不安になる。
⑤「肌合い」重視のため、新卒での未経験採用を企業が重視し、中途採用市場が育たない（正確に言うとこれは超大手の一部企業の話であり、日本全体の正社員入職数であれば、新卒よりも中途の方がずっと大きい。人材ビジネスの売上額でいえば、中途採用市場の方が新卒市場の10倍近くも大きい）。
⑥結果、新卒で就職できないと、不幸な境遇に陥りやすく、また、好不況による新卒採用数の増減で、人生が大きく決まってしまう。

新卒採用には、こうした根源的な問題がある。
これらは、日本型の「基礎能力と肌合い採用」がある限り、解消はされない。だから、毎年就職問題が、世間の耳目を集めることになる。

「欧米型には欧米なりの問題がある」という視点

さて、ではこの解決策はあるのか。

まず、「採用時期をどうするか」という議論が真っ先になされるが、それは問題の表面をなぞるだけだろう。そもそも、日本型採用が前提であれば、企業は学業成果を待たず、いつだって学生を採用できる。ならば、いくら採用ルールを決めても、抜け駆けは起こる。過去100年その繰り返しであった。ということで、採用時期の問題については、1章で弥縫《びほう》策を語るに留める。

続いて、新卒採用に既卒者も応募できるようにしろ、という話が出てくるが、これもことの本質には迫っていない。卒業3～5年した人たちを新卒採用の対象に含めても、結局、採用基準は不明確で、「学歴と肌合い」採用という根本は解決されないからだ。

それならば、採用基準を鮮明にすべき、という話が出る。がしかし日本型雇用のままであれば、せいぜい、肌合いを明文化するだけで終わるだろう。それでは、企業から出てくるのは、「課題発見力」「協調性」「好奇心・チャレンジ精神」などといったあいまいなものだらけでなんの意味もない。

勢い、「もっと根本的に日本型を排し、欧米型の雇用システムを取り入れろ」という抜本改善策を唱える声が高まる。

確かに徹底的に日本型雇用を排す、というのは理屈が通る話だ。ただし、欧米型の雇用も万能ではない。欧米型の短所、そして、そちらに向かうために必要となる変革コストを考えてから、結論を出さなければならない。

ざっというと、欧米型には以下のような問題がある。

①職業訓練などの公的インフラが必要になる。

②市場ニーズに合うように訓練される人数を調整しなければならない。そのため、幼少期より、学業成果によって、就くべき仕事へと半ば強制的な振り分けが行われる。

③職務別の契約のため、すぐ隣の仕事にも移りづらく、キャリア形成に必要な職務の幅（たとえば、支店会計→本社決算→管理会計などの横異動）が保てない。

④ホワイトカラーの職務については学校での再現訓練が難しいので、企業実習を長期行い補完する必要がある。そのため、学業阻害が起こりやすく、また、就業先企業でのブラック労働が起こりがちである。

⑤職務が限定されるため、担当外の上位職務を切り出して少しずつ経験することができない。そのため、上位職務者と下位職務者が固定化され、それがそのまま社会的な階層となってしまう。

⑥空席ができた職務毎に採用するので、新卒者は簡便なエントリーレベルの職務に空きが出たときしか雇われない。そのため、就業機会が減り、若年失業率が高まる（日本は上位の空席を下位から補充し、組織の最末端に大量の空席ができる）。

2・3章ではこうした今まであまり言われてこなかった「欧米型の問題点」と「日本型の気づきにくいメリット」を再確認しておく。

結局、日本型を排せ、という場合もその代価は結構高いものになる。だから、社会はなかなか変われないのだ。

曲折あるところだが、この難しい問題にどう解を出すべきか、ゆっくり考えていくことにしたい。

1章については、まずは歴史を詳細に振り返り、今々の状況下で、採用時期のルールをどうすべきか、という卑近なテーマに焦点を当てる。教育界や産業界、行政、大学生とそのご両親など、就活・新卒採用に直面している人が気になる部分といえるだろう。

2章以降は、少し問題を俯瞰して、世界・日本の雇用を考えたうえで、就活をどうすべきか、の材料を提示した。歴史の部分が難しいと感じる方や、労働・雇用を幅広く知りたい方は、こちらから読むことをお勧めする。

1章　１００年論争を棚上げするための処方箋

～採用時期の問題に、当面の解決策を～

§1　戦前から続くイタチごっこ

この100年、いつだって日本は就活で大騒ぎをして来た

大学生の新卒採用に関しては、景気の悪い年も良い年も、必ず新聞やテレビが大きく取り上げる。ご存知の通り、不況なら「就職どうなる?」、好景気なら「青田買いで学業阻害」といった話となるだろう。

今、30〜40代くらいの人は、たぶんこんなニュースは、バブル期の超売り手市場で、内定者にハワイ旅行をプレゼントしていた、とかいう逸話が生まれたあたりがその始まりだと思うだろう。私は50代なので、いやいやそれは間違い、もっとずっと古くから、と即座に否定できる。

私の記憶では、小学生のころにオイルショックがあり、軒並み5円だった駄菓子が10円に値上がりして、「大変なことが起きた」と思ったころ、世間は大不況だった。当時、『俺たちの旅』というテレビドラマの中で、中村雅俊扮する主人公のカースケは、就職が決ま

らず、「なんとかする会社」という何でも屋を立ち上げていた。こんな人がいるのか、と母に尋ねると、「今、テレビでも新聞でも騒いでいるだろ、大学出ても就職なんてできないご時世だから」と言われたのを覚えている。私が10歳当時、つまり、1970年代半ばにはもう、大卒就職は立派に新聞・テレビ沙汰になっていた。

いやいや、そんなものではない。日本が就活で騒ぐのは筋金入りだ。

『大学は出たけれど』という映画をご存じだろうか。家族風景を描くことでは定評のあった巨匠＝小津安二郎の名画。「大学卒業後、仕事が見つからず、親には偽りの就職先を伝えて……」という内容のその映画、なんと昭和4年（1929年）の封切だ。ブラックサーズデーに始まる世界大恐慌が起きたその当時から、日本では就職が世間の関心事であったのだ。

こうして1世紀近く、「不況なら就職できない」「好景気だと青田買いで大わらわ」と世間は就活で騒ぎ続けた。

いずれにしても、学生がこんな風に就活に時間を割かれれば、そのしわ寄せは学業に来る。これは大学側としては由々しき問題だ。だから、教育界は企業に自粛を促す。

企業は大学側のこうした要望を快くは思わないが、その実、企業同士の、際限ない青田買い競争にも辟易としている。だから、落としどころを探り、「就職協定」なるものが生まれ、競争が一時的に緩和される。ところが、景気が過熱して新卒採用ワクが膨れると、こんなルールは無視され、やがて形骸化する。

100年近くずっとこの繰り返しだったのだ。

ブラックマンデーの前年に最初の就職協定

ここからは、就職問題に詳しい石渡嶺司※氏の研究をもとに、本人へのインタビューを加えて、100年にわたる就職問題の迷走を明らかにしていく。

まずは新卒採用が始まった当初のことを、早速石渡氏に聞いてみよう。

「大学生の新卒採用が定着したのは大正時代です。当初、選考開始時期は大学卒業後でした。ところが、第一次大戦で日本は大戦景気に沸き、学生の売り手市場となります。そこで1915年前後に最終学年11月ごろに選考開始、というスケジュールが定着します。今なら11月だと十分遅いと感じるでしょうが、当時はこれでも早すぎると問題になっていました。『就職戦術』(1929年、壽木孝哉、先進社)によると、『学生は学校卒業期になると就職運動にばかり狂奔して遂にその学業を捨てゝ顧みないといふ風を生じ、これがために卒業年度に於ける成績が、一年、二年当時に比して著しく悪いと云ふ傾向を示し』とあります」

企業の採用競争と学生の狂奔、そして学業阻害。全く今と同じ論調が生まれていることが、滑稽でもある。こうした傾向が顕著になり出した昭和初期、早くも現代につながる「青田買い競争の激化防止」と「学業阻害回避」の2つの目的で、就職協定が登場する。

1928年、日本銀行、三菱銀行など有力銀行頭取の団体である常盤会例会は選考時期の検討を開始。定盤会メンバーの銀行のほか、三菱合資、東京海上、三井物産、日本郵船、大阪商船など18社の連名で選考を卒業後とする協定を発表。

この協定は、のちに「6社協定」とも呼ばれたが、当初は6社以外にも多くの企業が同調していた。

「採用解禁時期は、卒業前・3年生（編注、旧制大学は3年制）11月選考開始を推す社もあったようです。しかし、『学生の修学上其他に於いて種々弊害を伴ふのみならず採用者側としても時多くは歳末繁忙期に際し時期を得ざる次第』（前掲書）として卒業後選考に落ち着いたようです。もっとも、学業云々は単なる建前で『歳末繁忙期に際し時期を得ざる次第』が本音のような気もします」（石渡氏）

文部省や主要大学も承認し、この協定以後、大学生の採用活動は卒業後に移行していく。

協定1年目から早くもルールは破られ放題

当時は、金融恐慌（１９２７年）の余波で、学生不利・企業有利の環境であり、そこに文部省・大学の承認が加わり、協定は守られるかに見えたが、実際には1年目から崩れる。

まず、学生は環境が悪い分、早く動いたという様子が、当時の新聞に記載されている。

「今年卒業の学生は就職難の不安が二ケ月間延期されただけで不安は増大し学校当局もこれを見捨てゝおくわけにも行かないので『協定の趣旨尊重』を内々破つて協定以外の会社に向つては卒業前の就職運動を始めかけた向もあり、就職難不安の時潮は『卒業後選考協定』最初の試みを裏面では押し倒さうとしてゐる」（東京朝日新聞１９２９年1月18日）

「協定1年目の１９２９年はまだそれでも遵守した企業が多く、協定に入っていない会社でも3月ごろに選考と時期を遅らせました。付言しますと、この協定では採用は卒業後としていたため、卒業前採用を決定することを〝内定〟と呼ぶようになり、それが定着して現在に至りました。この〝内定〟が就職協定を崩壊させます。2年目（１９３０年卒業生）には早くも協定呼びかけ18社に〝内定〟が広がっています。3年目（１９３１年卒業生）

については こんな記事が見られます。

『例の「卒業後採用の申合せ」の方針に準じて決定を留保し単に内定を伝へるだけのところが多い。ために内定者は何となない不安に駆られて更に各方面へ履歴書を提出するのでただでさへ繁雑な事務室の手数を倍加してゐるばかりでなく、もしその内定者が別方面へ再び採用された折にはいづれか一方の就職口が無駄なのだから、就職希望の学生にとつてもこの「内定」といふことは甚だ迷惑なわけである』（帝国大学新聞1931年3月2日）」（石渡氏）

その後は景気の急回復とともに、既述のとおり、ルールは形骸化していく。ここに、現在まで連綿と続く「協定→抜け駆け→形骸化→廃止」という変わらぬパラダイムがすでに生まれていることに注目いただきたい。

もともと協定自体が無理筋だったと石嶺氏が以下、指摘している。

「6社協定の名前の由来は、最後まで協定を遵守していたのが日本銀行など6社だったことから。次々に離脱企業が出たということでしょう。最後まで残ったうちの1社、安田保善社はこんなコメントを残しています。

『六社協定に代る理想案として日本全部の一流中流会社を網羅する事も考へられるが何分

こんな協定は違反に対する制裁規定が作られないので現実的には如何ともし難い』（帝国大学新聞1935年9月23日）」

罰則なしではルールは守られない。がしかし、私的企業の協定では罰則は設けられない。それではどうすべきか……。まさに、以後およそ90年間続く悩ましき問題が、当初からすでに明らかになっている。

朝鮮戦争特需の中での協定はまったく相手にもされず

ともあれ、採用は卒業後に、というルールを模索し続けた戦前期の努力も甲斐なく、戦後はひょんなことから、卒業前採用が定着してしまう。

まず大戦中、戦時特別体制の中で学生の卒業が3月から前年の9月に繰り上げられた。これが戦後も1947年まで続く。当時は復興需要や大企業役職者の公職追放などが重なり、若年雇用ニーズが高まってもいた。しかもまだ教育基本法と学校教育法（ともに1947年9月施行）であり、卒業生は数少ない旧制大学在学者に絞られる。そこで、採用競争が高まり、9月の卒業式前後に内定を出す企業が増えた。

こんな状態で、1948年から卒業は3月に戻ったが、企業は惰性で秋採用を続ける。

こうして最終学年在学中の秋採用が広まっていく。

文部省は大いに危機感を抱いたようだ。

「1952年6月、文部省・労働省の両省次官名で通達が出されました。これが戦後最初の就活協定です。『4年生1月選考開始』『選考後はすぐ採否を決定』『使用開始（見習い期間などを含む）は卒業後』の3点が通達の要旨です」（石渡氏）

石渡氏は文部省の指示が1952年となった理由をこう読んでもいる。

「1953年春は旧制大学最後の卒業生と新制大学最初の卒業生が同時に出ることになっていました。企業からすれば旧制大学の方が優秀とみていたため、新制大学卒業生は就職できない一方、旧制大学生に対しては採用活動がより早くなる、と予想された。そこで就職協定を、となったのでしょう」

がしかし、朝鮮戦争特需の下で採用競争は激化し、戦後初の就職協定は企業に全く相手にされなかったようだ。大手企業の大半は最終学年9月に応募受付を終了。10月に選考を集中させる。中には6～7月ごろに選考を終える企業や、卒業前から就業させたりするケースもあったという。やはり、「協定→好景気→抜け駆け」鉄則がまかり通ったようだ。

こうして1952年通達が無力に終わったため、文部省は1953年6月、日経連（日本経営者団体連盟）、大学の代表などを集め学生就職懇談会を開催し、「4年生10月中旬から1か月くらい」で選考するよう求める。これが、以降1996年度（97年3月卒業生対象）まで長きにわたり続く、就職協定の原型となる。

4年生1月選考よりはまだ現実性のありそうな4年生10月選考の就職協定だが、1957～58年のなべ底不況を越え、景気が好転し始めると、やはり形骸化し始める。

「1957年5月の懇談会で文部省は『推薦10月5日以降、試験10日以降』の新協定をまとめようとしました。これに反発したのが大学、それも私大です。時期の繰り下げは私大にとって就職先確保のチャンスを失いかねない大問題でした。結局、『推薦10月1日、試験10日以降』で落ち着きますが、これを守る企業、大学、学生がどれだけいたかはいうまでもありません」（石渡氏）

読売新聞1962年4月19日朝刊記事には「もう来年の〝求人合戦〟多いもぐり試験」との見出しで就活状況の解説記事が登場。同記事によると1961年に協定を破った大企業が採用した大卒・高卒学生は文系55％、理系71％。世は高度経済成長の端緒となる岩戸景気に沸いていた。

高度経済成長下ではバブル期を超える青田買いで学生天国が現出

そうして、高度経済成長が板についたころ、大学生の就職は黄金期を迎えた。バブル期以上の売り手市場ぶりが新聞紙上をにぎわす。

「会社の重役たちが出身の大学に出かけ、それとなくPRの一席をぶったあと、希望の学生に会社や工場を見学させる。ある程度人数をしぼったところで個人あてに受験日を指定する〝手口〟等々。ホテルに案内したり、キャバレーに学生を招待するデラックス版もあるとか。また、これでは手ぬるいと大手会社の中には在学中から奨学金を支給してヒモをつけておくケースも最近流行のキザシあり」（読売新聞1962年5月10日夕刊）

匙《さじ》を投げた日経連は「就職協定野放し宣言」を発して就職協定から離脱。文部省は4年生秋選考を経済団体、企業に申し入れするが相手にもされない。同時に、就職に苦慮する私大は、企業以上に早期化を望んでもいた。

「私大を中心に大学自体も協定を無視して学生を送り込みます。結果、内定時期は1963年には4年生の6月、1964年は4年生5月、1966年は3年生2〜3月、1971年には3年生の1〜2月と超早期化が進みます」（石渡氏）

これは、現在以上に早い内定といえそうだ。

読売新聞1970年5月27日夕刊には「苗代ならぬ〝種モミ買い〟」との記事で東大生が3年生になって半年ほど経過したばかりなのに「法、経両学部などはすでに決定率一〇〇%とのうわさ」と報じている。

こうした現実を追認する形で1972年、日経連を含む中央雇用対策協議会は「会社訪問5月1日、採用選考7月1日解禁」を決定。早期化を認めることで、ようやく就職協定が復活する。

皮肉なことに、その翌年の1973年にはオイルショックが発生、経済は失速する。結果、内定取り消しも相次ぎ、就職率も低下。採用意欲の停滞とともに、1975年は「9月1日求人活動解禁、10月1日就職試験解禁」、1976年は「求人活動10月1日、就職試験11月1日」と後ろ倒しとなる。

ただ、77年以降に景気が好転し、このルールもまた破られていく……。

労働省が匙を投げ、行司役なき紳士協定に変容

1981年、産学官で構成していた中央雇用対策協議会から労働省が離脱を表明する。「協定破りの責任は企業、大学双方にある。行政が監視を強化すればするだけ、協定と現実のギャップは拡大する」「行政が協定に関与し続けることは行政の公平性を失いかねない」と関英夫・労働省職業安定局長は中央雇用対策協議会でコメントし、監視役放棄を宣言するのだ。

大学や文部省、中小企業中心の日本商工会議所などは労働省を批判ないし引き止めをするが、日経連は引き止めない。結局、労働省が抜けたあと就職協定は、大学と産業界による紳士協定として存続することになる。

さて、この労働省の監視役撤退がなかったら、もう少し協定は実効を得ていたか。

「いや、関係ないでしょう。労働省が監視役と言っても、違反事実の把握は『学生や父兄からの電話だけが頼り』（日本経済新聞1982年1月10日朝刊）。いくら労働省が『全国の大学の（編注、就職）担当教授に協定順守の協力要請文を送ったり、大手企業約百五十社の人事部（課）長を、同省幹部が直接訪問して順守のお願いをして回った』（同記事）と言っても全く効力なしといった状態です。企業や大学が違反した事実が透けて見えるような管理報告体制もなく、しかも罰則もない状態では、監視役がいてもいなくても差はないでしょう」（石渡氏）

行政から要請された新ルールが、反故にされる。この轍《てつ》を、その後何度も、踏むことに

図表①　採用ルールの変遷

	就活論議	採用ルール	世情	大学数
1910年				3
1915年ごろ	新卒採用が定着し始める	最終学年11月	第一次世界大戦特需	
1920年				16
			金輸出解禁	
1928年	**初の採用協定（6社協定）**	卒業後採用	金融恐慌	
1930年			満州事変	35
	協定破りに「内定」という用語		金輸出再禁止	
1935年	**6社協定廃止**	最終学年11月採用	是清景気	
			日華事変	
			第二次大戦開始	
1940年			日独伊三国同盟	41
1943年	卒業9月に繰り上げ（戦時体制）	最終学年9月採用	太平洋戦争開始	
	秋採用定着			
1948年	卒業3月に戻る	最終学年秋採用	ドッジ不況	
	大学が旧制から新制に切り替え			
1950年				80
1952年	**52年通達（旧制・新制切り替え時）**	選考4年1月	朝鮮戦争特需	
1953年	**学生就職懇談会開始（採用協定）**	選考4年10月	なべ底不況	
1957年	**採用協定改定**	選考10月10日		
			岩戸景気	
1960年	高度経済成長下で協定形骸化			245
	キャバレー拘束		昭和37年不況	
	内定奨学金		オリンピック景気	
1967年	日経連、協定離脱		証券不況	
	苗代買い		いざなぎ景気	
1970年	種モミ買い			382
1972年	**協定改定（中央雇用対策協議会）**	訪問5月、選考7月		
			第1次オイルショック	
1975年	**協定改定（中央雇用対策協議会）**	求人9月、選考10月	安定成長	
1976年	**協定改定（中央雇用対策協議会）**	求人10月、選考11月		
			第2次オイルショック	
1980年			ハイテク景気	446
1981年	中央雇用対策協議会から労働省離脱		円高不況	
1986年	**協定改定（中央雇用対策協議会）**	訪問8/20、選考11/1	バブル景気	
1987年	**協定改定（中央雇用対策協議会）**	訪問9/5、採用10/15		
1989年	**協定改定（中央雇用対策協議会）**	訪問8/20、採用10/1		
1990年				507
1991年	**協定改定（中央雇用対策協議会）**	訪問8/1、採用10/1	バブル崩壊	
1997年	**採用協定廃止**		カンフル景気	
1997年	**倫理憲章（日経連）**	採用10/1	金融不況	
2000年			ITバブル	649
2002年	**倫理憲章改定（日経連）**	選考4/1、採用10/1	構造改革不況	
2004年	**倫理憲章改定（経団連）**	賛同企業名公表に	サブプライム景気	
			リーマンショック	
2010年	日本学術会議提言書（既卒3年＋後ろ倒し）			778
			東日本大震災	
2012年	**倫理憲章改定（経団連）**	広報12/1、選考4/1	ギリシャショック	
2013年	4大臣要請		アベノミクス	
2015年	**倫理憲章改定（経団連）**	広報3/1、選考8/1		
2016年	**倫理憲章改定（経団連）**	広報3/1、選考6/1		

なる。

以降、就職協定は単なる紳士協定として1996年度までは存続していく（**図表①**）。

（以上、リクルートキャリア社発行「HRmics」16号の石渡氏連載「就活　温故知新」をもとに構成）

※石渡嶺司（いしわたり　れいじ）
大学ジャーナリスト。1975年札幌市生まれ。東洋大学社会学部卒業。2003年から現職。主な著書に『就活のバカヤロー』（共著）『就活のコノヤロー』（ともに光文社新書）、『女子学生はなぜ就活で騙されるのか』（朝日新書）など。

§2　政治問題と化し、4大臣要請に及んだ昨今

政官産学の協議体制は2004年に現行制度となった

ここでは、大学生の新卒採用に関するルールがどのような経緯で決まるのか、より細か

く見るために、2010年から現在に至るまでの直近のルール変更劇に焦点をあてる。

おさらいとなるが、就職協定は1996年度に廃止される。代わって翌年、産業界は日経連が「倫理憲章」を策定し、教育界は学校推薦の解禁日などを各校で「申合せ」ることとなり、産学双方が互いに定めたルールを尊重するという方針が決まった。

この時点での具体的なスケジュールは「正式な内定日は最終学年10日1日以降」と言及するのみであった。これに2002年卒採用から「卒業・修了学年に達しない学生に対して、選考活動を行うことは厳に慎む」と選考開始時期に関する一文が添えられる。この文の趣旨から「選考活動（面接）は4年生の4月1日以降」と解された。

その後、日経連が経団連（日本経済団体連合会）に吸収されたため、以後、倫理憲章は、経団連雇用委員会が引き継ぐことになる。04年卒採用に関する倫理憲章からは、「趣旨に賛同する企業名が公表」されるようになり、公表企業は憲章を守らざるを得ない形へと、ルールは重みを増していく。

一方、教育界の申合せは、その中身を、国公私立大学および短期大学、高等専門学校で組織される就職問題懇談会（以下、就問懇）で協議し、決定をする体制となる。産業界と教育界が、情報交換や協議を行う場としては、就職採用情報交換連絡会議（事務局：文部科学省学生・留学生課）が設置された。こうして現在につながる新卒採用の協議体制とルールが出来上がる。

リーマンショック後の氷河期がルール変更の気運を盛り上げる

こうしてできあがった採用ルールに対して、リーマンショック後の不況期に、見直しの機運が高まっていく。当時は、内定の取り消しや、採用枠の縮小などで学生に不安が増し、その結果、就活に先走ることや就活が長引くことで、学業阻害が心配された時期だ。また、不況期で企業の採用意欲が低減しているので、早期化を是正するチャンスとの読みもあったのだろう。

こんな時代背景の中で2010年8月、日本を代表する科学者団体である日本学術会議が、就活全体の後ろ倒しや「既卒3年までは新卒扱い」などを示唆する提言書を発表。これに呼応するように、同年9月、就問懇が企業に採用選考活動の早期化是正を求める要請を発した。

さらに、商社が加盟する業界団体、日本貿易会がそれに応える。2010年11月に、2013年卒業の学生から、採用広報活動の開始時期を現状の3年生の春季休暇（翌年2

〜3月）以降に、選考活動を4年生の夏季休暇（8月ごろ）以降に改めるとしたのだ。

ここまでの変革第1ラウンドは、「就活の早期化による学業阻害の是正」という面が強かった。

広がる「経団連包囲網」

各所から就活ルール見直しの声が上がる中、2011年3月15日に経団連が倫理憲章の見直しを発表する（図表②）。

採用の広報開始時期を「3年次の12月1日」と明記したのだ（同時に、選考開始に関しても「最終学年」ではなく「4年次の4月1日」と時期を明言）。それまでの倫理憲章では採用広報開始時期は特に明記されていなかったため、大手就職ナビサイト（以下、就職ナビ）がオープンする10月1日が事実上の広報解禁日となっており、その日以降は、説明会開催などが自由に行えた。それが12月1日からとなるので、実際は2か月の後ろ倒しとなる。これにより、大学3年10〜11月の企業説明会などが減り、秋季授業への阻害が低減する、という配慮が示された恰好だ。

だが、教育界の意見を表す就問懇は、経団連のこの決定に対して、効力不足を訴える。

図表②　経団連倫理憲章の変更

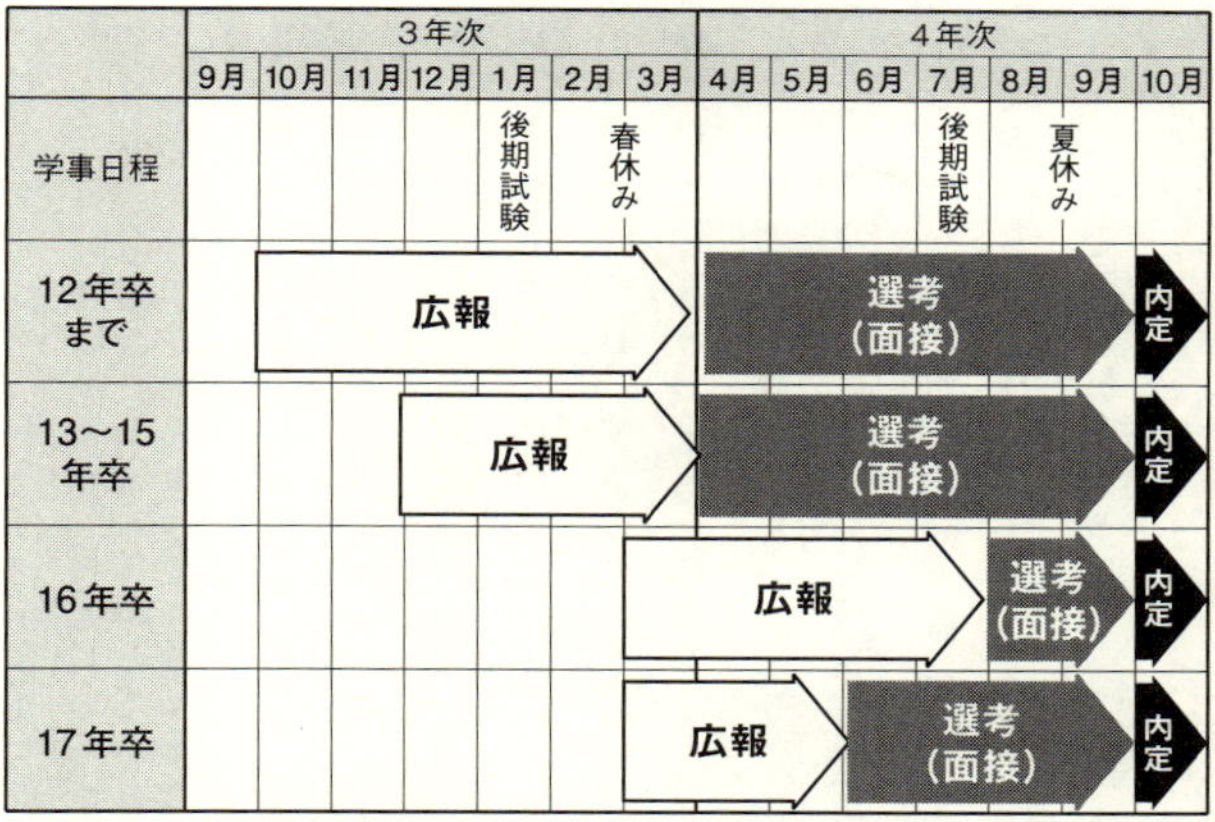

12年度卒までは、広報解禁時期についてのルールはなかったが、就職ナビサイトのオープン時期が10月1日だったため、この日が事実上の広報解禁日となった。また、選考開始の規定も、12年卒までは「最終学年になってから」と不明確な表現だったものを、4月1日と変更している。

まず、広報開始が12月だと、その直後に控える3年の後期試験準備に抵触する可能性が高い。

また、4月1日選考開始では、3年次の学業成績がまだ出そろっていない。この状態では、学業成績が選考に反映されないことになる。これでは、大学生は勉強を疎かにするだろう。だから、3年次の成績がはっきりとわかる時期以降へと、選考の後ろ倒しを要望した。ここで後ろ倒し理由が、1つ増えたことになる。

この「学業阻害」と「3年次成績の選考への反映」の2点をふまえ、広報開始は3月、選考（面接）開始は8月、が就問懇側の要望となった。

２０１２年２月になると、経団連と並ぶもうひとつの経済団体、経済同友会が「新卒採用問題に対する意見」を発表。就問懇と歩調を合わせるように「広報開始は３月」「選考開始は８月から」という提言を行い、将来的には「通年採用」への移行を目指すべきだとも主張をする。結果、日本学術会議・就問懇・日本貿易会・同友会がほぼ歩調を合わせることとなり、この流れは次第に本流となっていく。

政府・有識者会議も就活時期に苦言

２０１２年末、民主党から自民党に政権が交代し、事態はさらに進展する。翌２０１３年３月15日の閣議後の記者会見で、下村博文文科相が「就活の開始時期は３年ではなく、できれば４年の後半が望ましい」と述べたのだ。

奇しくもこの日は女性や若者の就労促進策を話し合う有識者会議「若者・女性活躍推進フォーラム」が開かれており、同日のテーマがまさに就活だった。経団連常務理事、私学振興・共済事業団理事長、日本貿易会常務理事、就職ナビ代表者、学生と、関係者がそろい踏みした場で議論が交わされ、就活時期の後ろ倒しを是とする意見が大勢を占めた。

さらに同日に開かれていた産業競争力会議（自民党内におかれた日本経済再生本部の下部

組織）でもこの問題が扱われている。下村文科相が提出した、日本人の海外留学者の倍増策を提起する「人材力強化のための教育戦略」と題された資料にこうあった――留学生が減っている第一の理由として、「就職への影響」を挙げ、その解決策として「産業界と連携した就職活動時期の是正」が必要――。

これ以降、後ろ倒し要望に「海外留学を妨げないために」という3つ目の理由が加わることになる。

就活ルールが「日本再興戦略」に。そして4閣僚連名で要請が――

政府は２０１３年3月27日、２０１５年度卒業組から、就活（採用広報）開始時期を現在の3年生の12月から、3年生の3月に変更するように経済界に要請する方針を固めた。日本人の海外留学の倍増という方針も同時に掲げられる。

経団連は就活期間が短縮することの学生への悪影響、中小企業の採用期間短縮（大手の採用が終わってから学生が動くため）を憂慮し、慎重姿勢を崩していなかった。その最中、4月19日に、経団連、同友会、日本商工会議所各首脳と安倍晋三首相との会談がもたれる。

席上、首相から「採用広報の開始を3年生の3月に、採用選考活動の開始時期を留学生も帰国した4年生の8月に後ろ倒ししてほしい」という正式要請がなされた。

経団連の米倉弘昌会長は会談後、記者団に「会員企業に周知徹底したい」と、要請を受け入れる考えを表明。日商の岡村正会頭も記者団に「異論はない」と語る。

さらにアベノミクス「3本の矢」の最後、「成長戦略」にもこの趣旨の一文が、盛り込まれることになった。6月14日に閣議決定された「日本再興戦略」に、「若者の活躍推進」項目として、「学修時間の確保、留学等推進」のために、就活後ろ倒しが明記されたのだ。ここにはさらに、「インターンシップ等キャリア教育の早期実施を期待」という呼びかけも入る。

政府はこの後ろ倒し方針の遵守を経団連会員企業以外にも呼びかけた。11月22日付で、関係4大臣（稲田朋美再チャレンジ担当相／内閣府特命担当相、下村文科相、田村憲久厚労相、茂木敏充経産相）から主要経済・業界団体（約450団体）に対し、連名で要請を出す。

就問懇、日本学術会議といった「アカデミズム」側から投げられたボールに、日本貿易会、同友会という経済団体から賛同の声が上がり、さらには政府をも巻き込んだ形で、新たな新卒採用ルールは形作られた、と振り返ることができるだろう。

その趣旨を再度振り返っておく。

①学業への抵触を軽減すること。

②3年次の学業成果を選考評価に盛り込むこと。

③留学阻害要因とならないこと。

の3つの目的を果たすために、採用広報開始時期は3年次3月、採用選考開始時期は4年次8月へと後ろ倒しすることになった。

§3　大臣が頭を下げても結果は疑問符だらけ

──Ⅰ．採用時期に関するルールはやはり破られた

守った・守らないにはっきり二分化

２０１６年大学新規卒業者の採用活動（２０１５年８月面接開始）は一体どのように進んだのだろう。

資料で振り返ってみよう。

まず、文科省の「平成27年度就職・採用活動時期の変更に関する調査」で概略がわかる。学生側の活動状況でみた場合、「８月１日の面接解禁」以前に面接を受けていた学生が8割を超えるほどで非常に多いことがわかる（**図表③**）。

しかも、８月１日以前にほぼ6割の学生が何らかの形で内々定まで得ている。つまり多くの企業で、採用ルールは守られていないということがわかるだろう。

一方、志望企業からの内々定は8月１日以前では3割強であり、８・９月に一挙に高ま

図表③　ルール変更後、実際の就活はどうだったか？

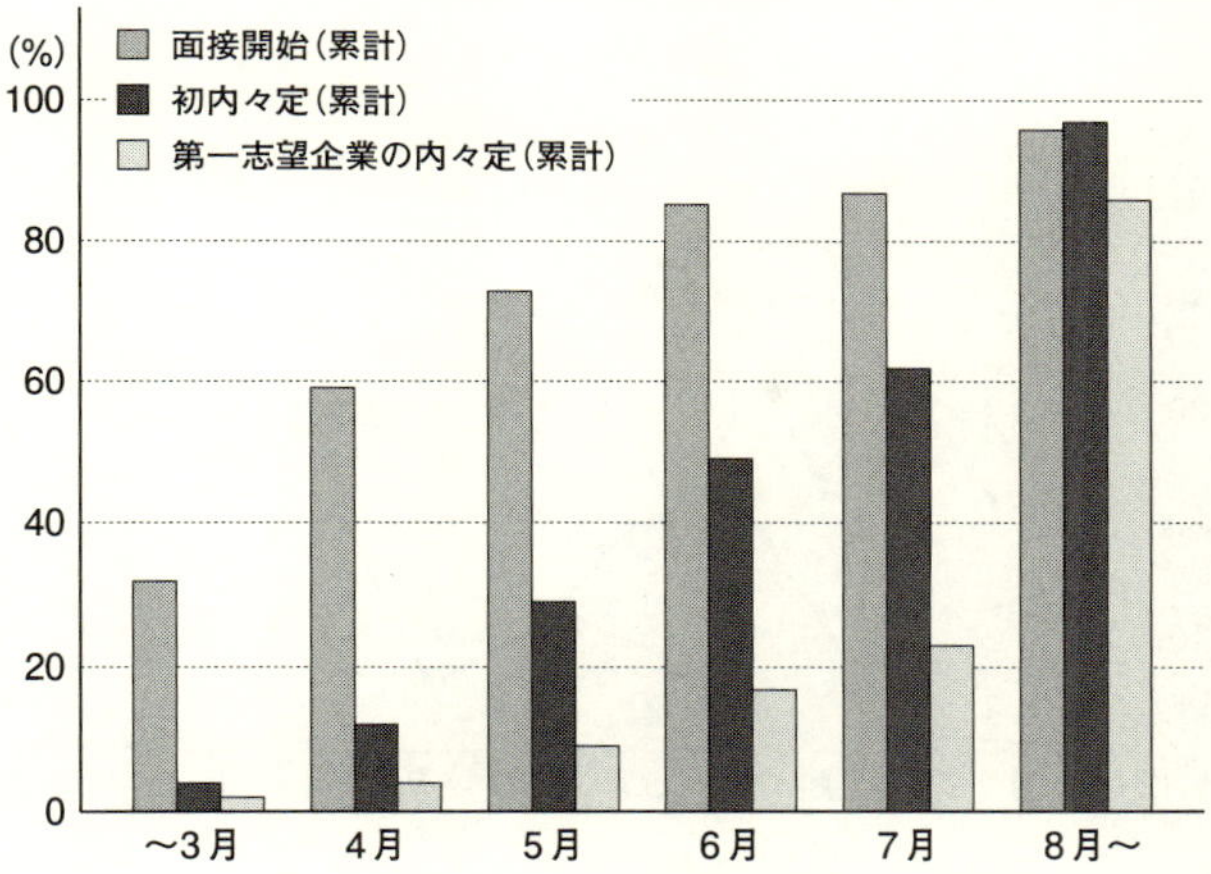

「平成27年度就職・採用活動時期の変更に関する調査」より

って8割近くにまで伸びる。

つまり、早期内定の多くは、「学生からすれば志望順位が低い企業」とわかる。ここから推測できるのは、人気企業の多くは、8月解禁を守ったということだ。

ともあれ、ルール無視で早期に採用活動をはじめた企業と、そうではなくルールを守った企業に二分化されることがわかるだろう。

この状況は、企業側から見たデータでさらに裏付けられる（**図表④**）。

面接がいつ開始されたかを見ると、3月からその数は急増し、4月には1回目の山を迎える。その後、前期試験とその対策に追われる6・7月と下降し、正式な解禁日

図表④　企業側に聞いた採用活動の状況

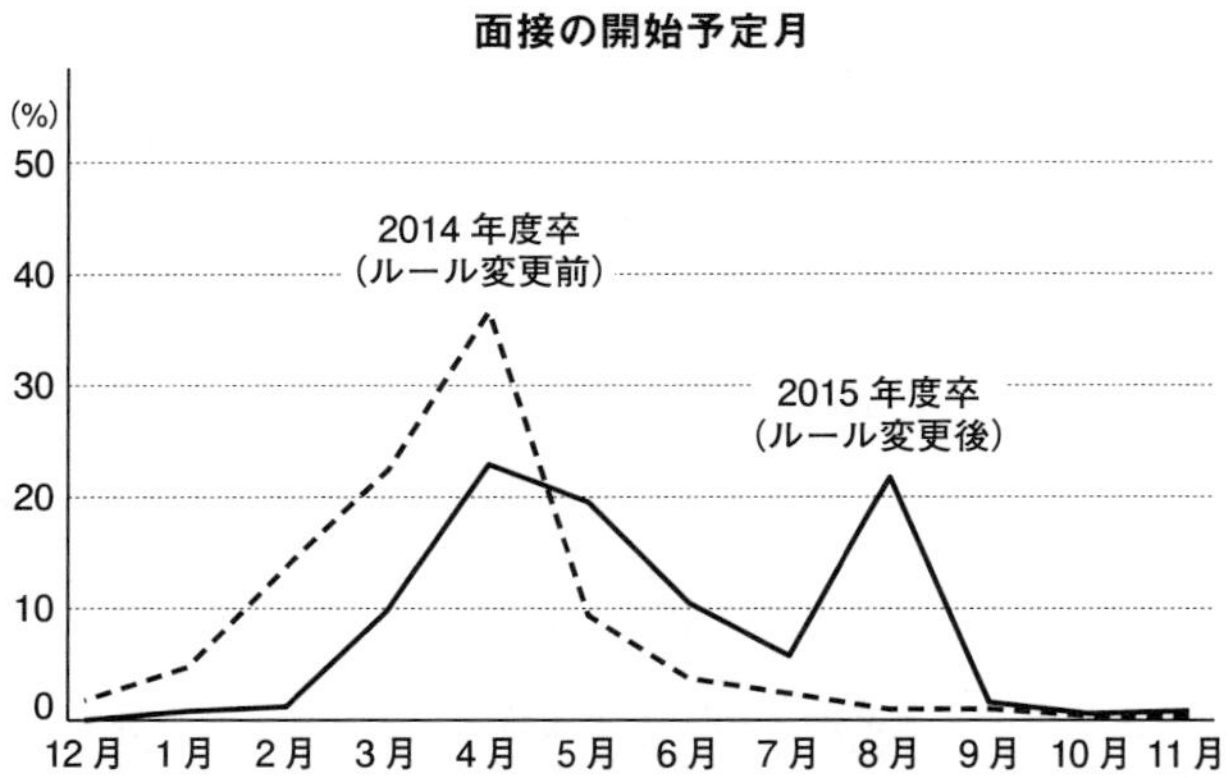

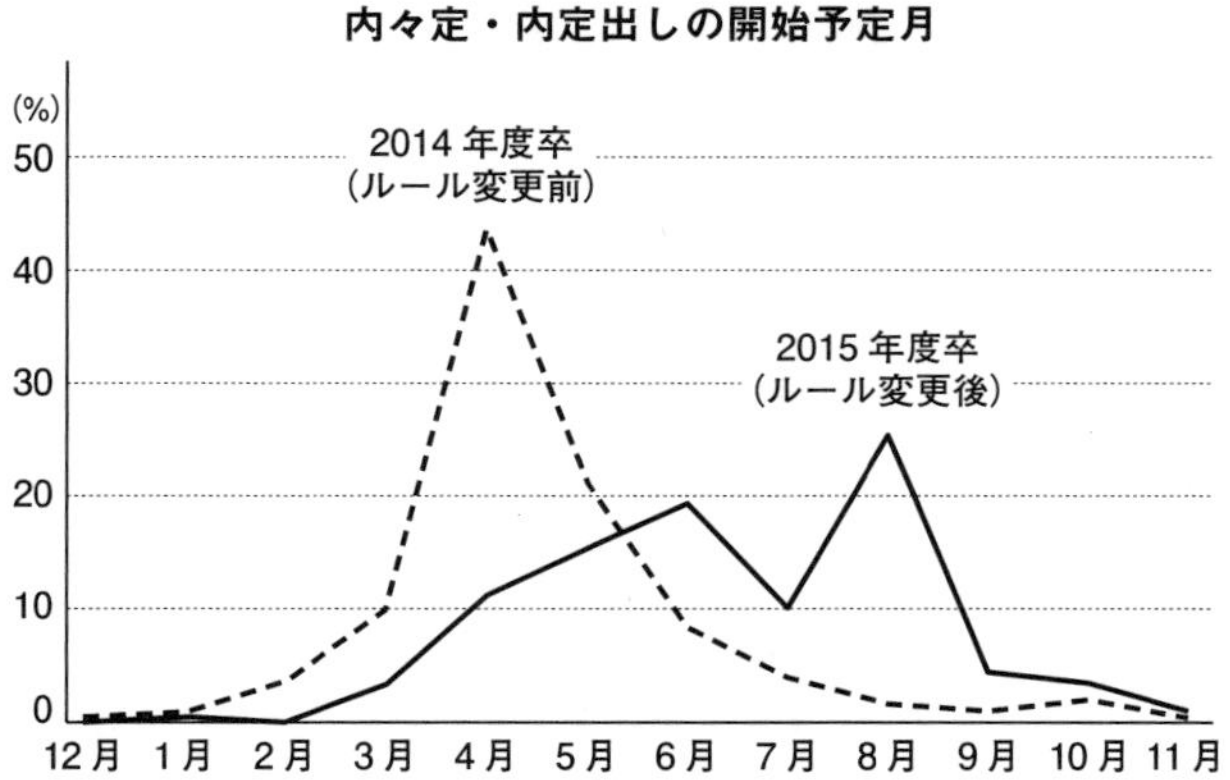

就職みらい研究所「就職白書 2016」(リクルートキャリア) より

となる8月に、2回目のピークとなる。

やはり8月解禁を守った企業と、ルール無視で面接を開始した企業の2つに分かれており、トータルの企業数では、8月1日以前に面接を開始した企業が圧倒的多数を占める。

また、内々定・内定の時期も、3月から立ち上がりを見せ、こちらは6月に1回目の山となり、その後8月にピークを示す。こちらでも、8月解禁を守った企業とそうではない企業の二分化が見て取れるだろう。


違反企業が抜け駆けしたため、就活は長期化

一方、面接開始の8月への後ろ倒しは、学業へどのような影響があったか？

こちらは、前出の文科省調査によると、大学側の見方は理系も文系も「変わりない」が最大多数になっている。

学生側は「4年次の学業には問題が出た」が「3年次の学業には好影響があった」ということで、あまり変わらない結果となっている（**図表⑤**）。

ただし、同時期に内閣府が行った学生向け調査では、57・7％が「負担が増えた」と答え、悪い影響としては、「就活期間の長期化」（57・7％）「卒論作成の時間の減少」（46・

8％）「4年次授業が疎かになった」（35・9％）と続く。一方、良い影響は「特にない」（45・4％）が一番、続いて「3年次の学習時間確保」（19・7％）「進路をじっくりと考えられた」（19・3％）であり、総じて好影響項目の数値は低い（**図表⑥**）。

ここまでをトータルで考えると、

・新ルールは、守った企業と守らない企業に二分化された。

図表⑤　ルール変更の学業への影響

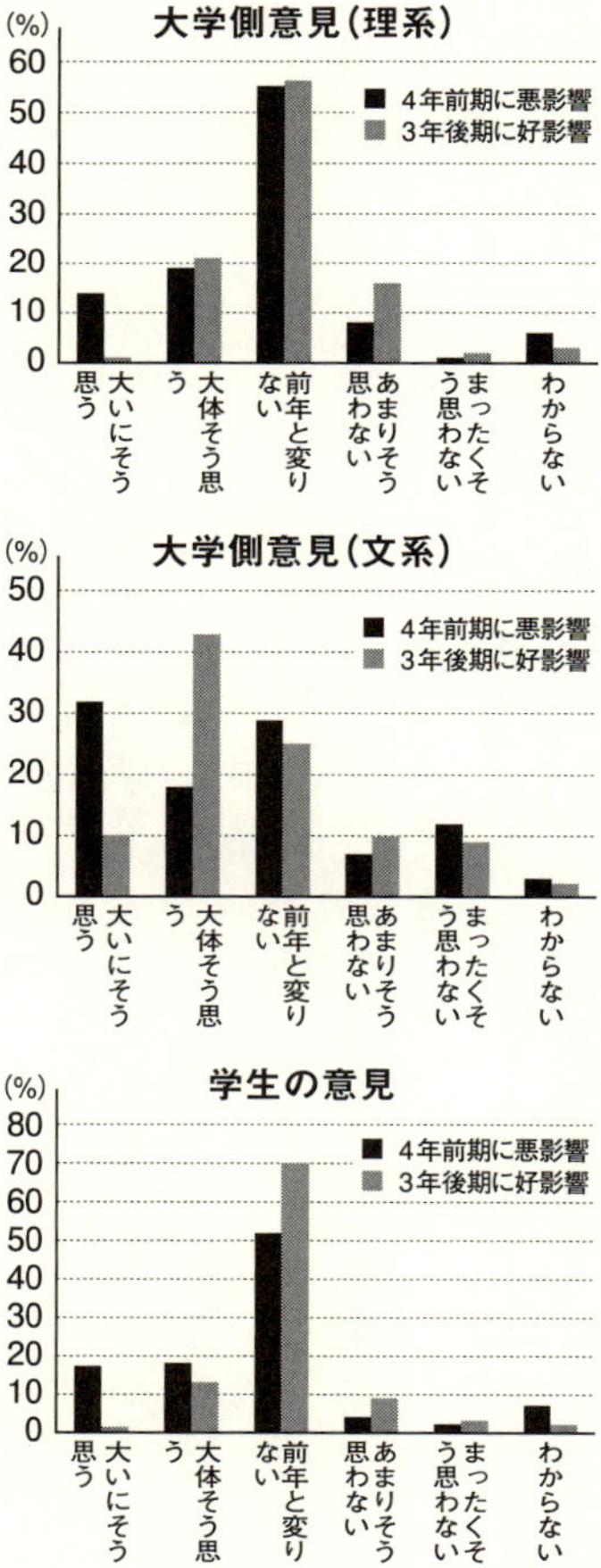

「平成27年度就職・採用活動時期の変更に関する調査」より

図表⑥　8月への就活選考開始後ろ倒しを学生に聞く（内閣府調査）

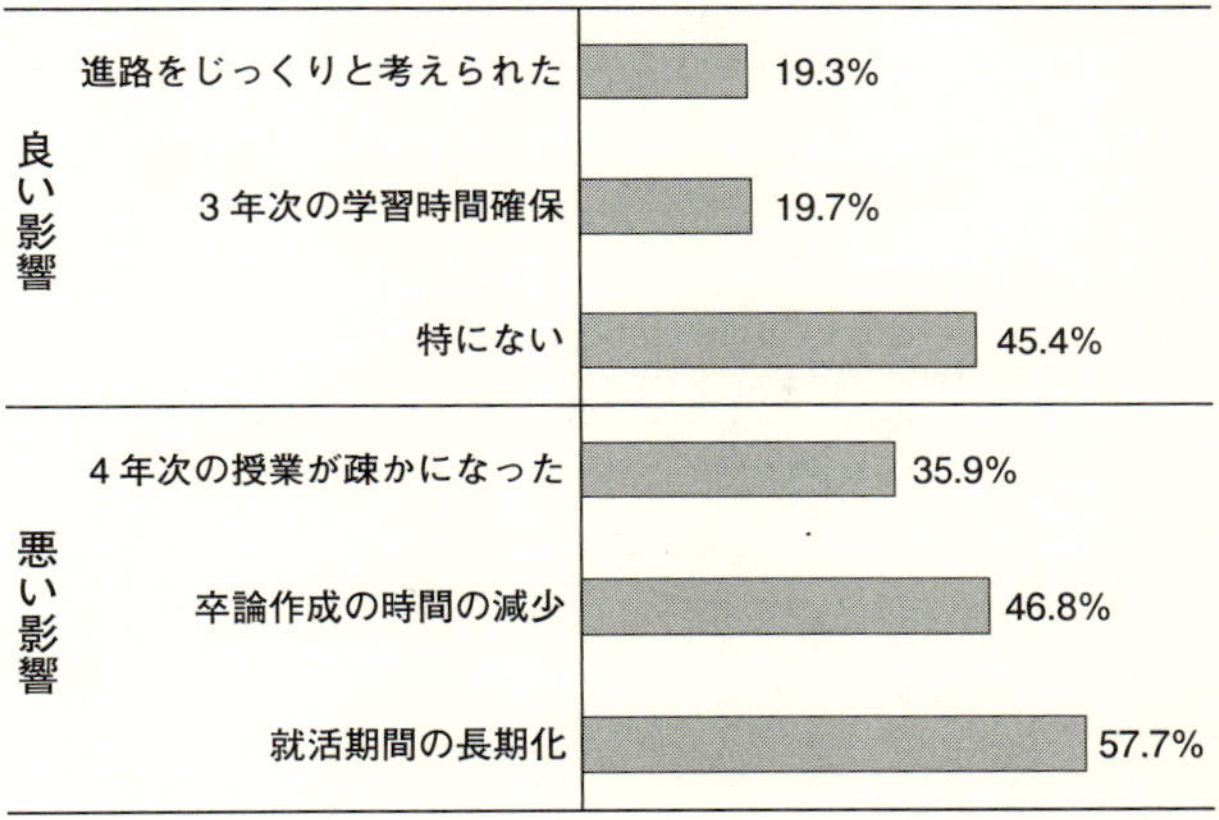

・結果、大学生はルール変更前と同様に就活をスタートさせ、それが8月に本番を迎えるという長期化につながった。

・学業に関しては、3年次に阻害が減った部分もあるが、4年次に阻害が増えたため、±0といえそう。

というのが振り返り結果と言えそうだ。

文科省・内閣府の報告とほぼ同時期に、日本経済新聞社が154大学の学長に行ったアンケート調査が、この状況を総括しているのではないか。

8月選考開始への変更は「問題あり」が94・2%を占め、その理由としては、「就活

図表⑦　154 大学学長の振り返り（日経新聞調査）

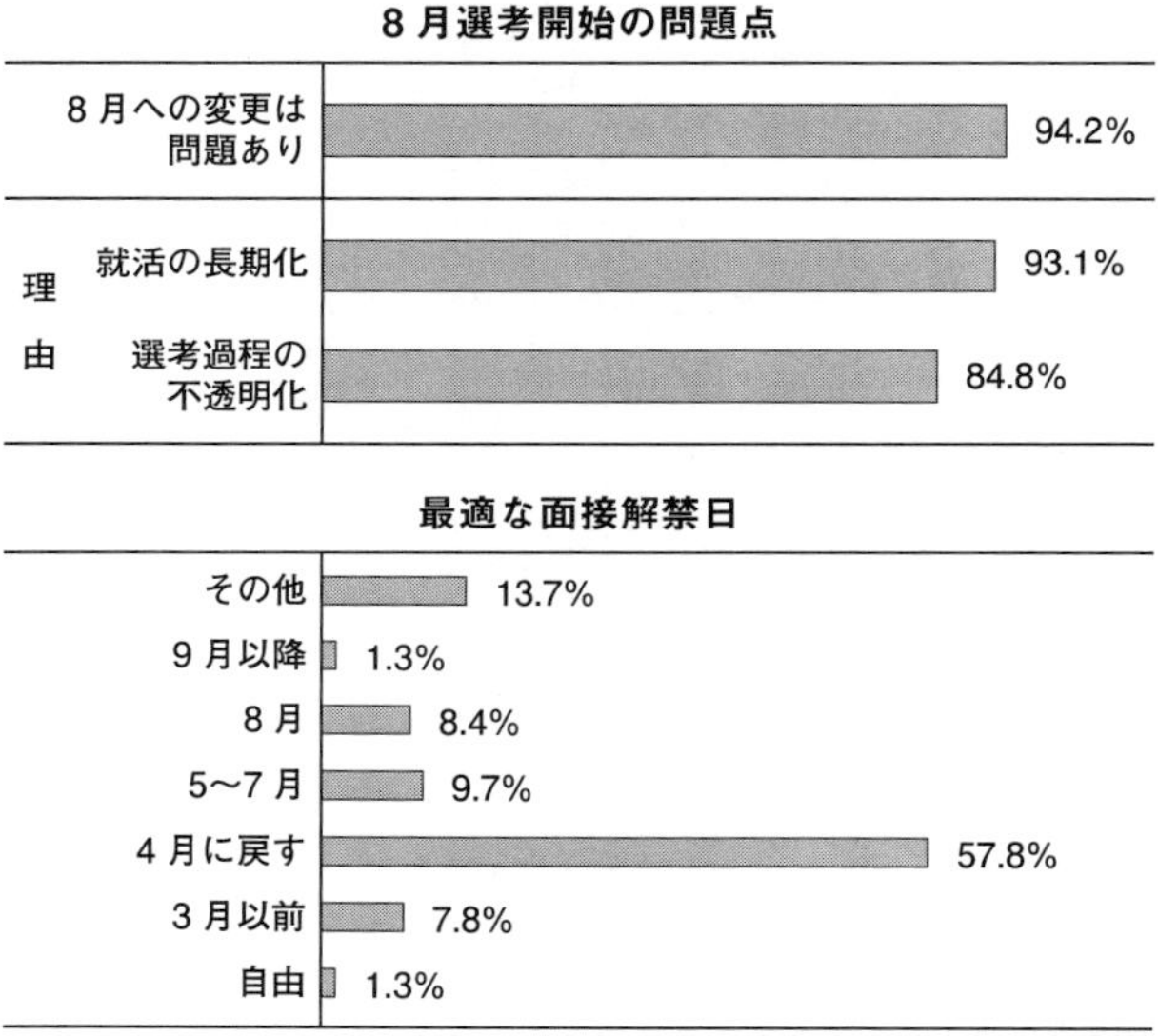

日本経済新聞 2015 年 11 月 1 日朝刊より

の長期化」（93・1％）「選考過程の不透明化」（84・8％）という答えが出ている（**図表⑦**）。

　ちなみに、同学長アンケートでは、選考解禁の最適時期は、「4月に戻す」が57・8％で最多。逆に「8月」は8・4％で、今年度（2017年卒）から前倒し変更になった6月が含まれる「5〜7月」は9・7％といずれも大きく数字を落としている。

――Ⅱ．留学生数減少の件は、そもそもが冤罪！

当初から異論が出ていた就活時期と留学生数の関係

就活後ろ倒しの理由の1つとして、海外への日本人留学生が減っていることが指摘された。産業競争力会議や、若者・女性活躍推進フォーラムの場でも議題として上がり、2013年11月に出された4大臣による就活ルール変更の要請書にも、日本再興戦略にもしっかりと記載されている。

が、この意見には、発表当初より各所から異論が噴出していた。

まず、選考活動に関しては2001年就活生（02年卒）から倫理憲章の旧ルールにより4月1日が解禁とされ、03年就活生（04年卒）よりこの憲章に賛同する企業名が公表されるという形で、ルールが強化された（§2参照）。だとすると、このあたりから留学生が急減することになる。

ところが、留学生数は、80年代半ばの1万5000名前後から一貫して右肩上がりで増え続け、2004年に約8万3000人でピークを迎えている。しかも留学生数はピーク後も、2007年までは漸減にとどまり7万5000名超で高位安定していた。

就活よりも景況が色濃く影響する留学生数

その数字が坂道を転がるように減少しだすのは、08年以降となる。そうして2010年に留学生数は5万8000名と3割も減少。産業競争力会議ではこのデータをもって、就活開始後ろ倒し要望がなされることになる。政府に意見した識者の根拠はこの表面上の数字だけなのだ。

データの推移を見て、留学生数減少の本当の理由にピンと来る人は多いだろう。

そう、ずばり、景況だ。リーマンショックが起きた2008年以降、数字は落ち始める。そして数字は、東日本大震災のあった2011年度にボトムを記録したあと、回復に転じる。2012年以降、留学生数の調査対象が変更はされるが、数字は着実に伸び、就活ルール変更直前の2014年度には8万1219名とピーク時に迫る数字となっている。

2004年から2014年までの10年間で留学適齢期と言われる18～29歳人口は約3割も減少したにもかかわらず、だ。この間に適齢人口1人当たりの留学比率は大きく伸びていることになる。まさに大幅な〝留学率ギネス〟を更新している中で、留学生減が騒がれ、その犯人が就活時期と目されていたことになる。

企業はさまざまな留学生採用窓口を設けている

実際、多くの留学生を受け入れている大手企業に取材すると、以下のような答えが返ってきた。

まず、アメリカやイギリスでの学生向けのキャリアフォーラムに参加する大手企業が多い。また、個別に大学を回り、オンキャンパス・リクルーティングをしている企業もある。しかも、日本本国でも留学生向けに夏採用や秋採用窓口を設けている企業も多い。

こうした状況であれば、採用開始時期がいつであれ、留学生は損をしない。

ただし、大手企業なので採用基準自体は、高い。売り手市場の昨今でさえやはり選考は厳しいのだから2010年前後の不況期ならなおさらだったろう。そこで、この時期は留学生も多々、不採用となった。もちろん日本にいる学生も同じ状況だったのだが、そうしたことを知らない留学生たちは、「海外にいたことが不利だった」と勘違いしただろう。そこから、留学したから就活で損をした、という話が生まれたのではないか。

そもそも、日本人の海外留学は、その8割以上が「6か月未満」と短期なのだ。こんなに短ければ、1～4年次の中でいつでも都合のよい時期を選べるはずだ。国策会議を通してもっと本気で日本再興を唱えるのなら、より長期間留学に取り組む学生を増やすことこそ、注力すべき点ではないか。
素人論議が政策にまで至り、4大臣要請の根拠とまでなってしまうことを、私はとても嘆かわしく思う。

コラム　識者に聞く①　留学のプロの視点

大掛　勲氏

(㈱ディスコ　事業推進本部　グローバル事業推進部次長)

私は米国はボストン、ロサンゼルス、サンフランシスコのほか、英国ではロンドン、豪州ではシドニー、中国では上海と、海外6都市でキャリアフォーラムを開催しています。ここでは多数の企業と学生の出会いが生まれています。たとえば、ボストンでは3日間の開催で参加学生数はのべ1万人、参加企業は200社に迫り、3日間の会期中で内定をだす企業も珍しくありません。

さらに、彼らが日本に戻ってくるタイミングで、従来から6月末に東京、大阪にてキャリアフォーラムを開催してきました。東京地区では約250社もの企業が集まり、就職人気ランキングの常連企業も、留学生との接触をここで行っています。

留学生たちがこうした場に、仮に参加することができなくても、採用意欲の高い企業は、キャリアフォーラムへの参加前後に個別に海外現地大学でオンキャンパス・リクルーティングを行うケースも見られます。何よりも、大手企業は、夏クール採用や秋クール採用、もしくは、通年窓口を設けているケースも多く、留学していたという事情があれば、遅くなってから応募しても、丁寧に対応してくれているケースが多いのです。

また、欧米の大学の場合、セメスター制（2学期制、前後期制）を敷いているところは卒業タイミングが2回、クオーター制のところは4回あるため、学生も就活時期に合わせて、留学終了をうまく調整することも可能です。こうした状況なので、就活時期が理由で留学が減るということはないと考えています。

採用スケジュールが急に変更されてしまい、予定が一切狂ってしまったのが問題で、事前に分かっていれば企業、留学生ともに対応できると思っています。

——Ⅲ．学業成績を反映した選考はどう実現すべきか？

4月1日選考開始でも3年次成績は選考に反映できた

就活時期後ろ倒しのもう1つの理由についても触れておきたい。それは、就問懇から出てきた「従来の4月1日選考開始だと、3年次の学業成績が評価に反映されない」という意見だ。もし、採用選考に成績が反映されるのであれば、確かに学生は学業に力を入れるだろう。だから、就問懇の意見は非常に意義のあることではある。

が、しかし、多くの大学職員の知人に聞いたのだが、ほとんどの大学では「3月下旬でも成績を交付できる」というのだ。とすれば、従来の4月1日選考開始ルールを変える必要がなかったということになる。

この齟齬に対して、就問懇を責めるつもりは毛頭ない。大学側はたぶん、企業が採用に際して学業成績を選考の素材にあまり用いていないことに、従来から危機感を抱いていたのだろう。その気持ちから、こうした要望が生まれたのではないか。

一方で、企業側には企業側の言い分がある。たぶん企業は、「大学の成績ばかり優秀なガリ勉など欲しくはない」もしくは、「授業内容は玉石混交で評価基準もまちまちの中で、成績などあてにならない」というだろう。この意見も、一理はある。

ただ、ずっとこのままでは産学の距離は縮まらない。そこで、両者が納得できる歩み寄りをすべきではないか、と私は思っている。

欧米型のGPA高得点者パスを用意すれば、多くは解決

この状態を解決するために、辻太一朗氏率いるDSS（大学教育と就職活動のねじれを直し、大学生の就業力を向上させる会）というNPOは、大学の授業内容を再評価して、本当に力の付くプログラムを選定し、その授業での学生の成績を採用選考に用いるように、という改善運動をしている。

運動自体は高邁《こうまい》な精神ですばらしい。ただ、パワー的な無理もあるだろう。そこまで一気に変えなくとも、まずは、欧米型のGPA評価を選考に入れるのがリーズナブルではないか。

GPAとは、取得科目を評価に応じ採点（S＝4、A＝3、B＝2、C＝1、F〈不可〉＝0）し、単位数にて加重平均して得られる値のことだ。最高得点は、オールSの4点。従来の優・良・可評価で優の数を競うのであれば、いくつ単位を落としても、優の数さえ多ければマイナスにはならない。一方GPAであれば、低評価もしくは単位を落とした場合は、そのまま評価ダウンにつながる。だから、厳しさは増すといわれている。

欧米は新卒採用がそもそも極端に少ないが、その少ないワクの選考には、GPAを重用している。だから学生は学業に力を入れる。「フォーチュン500」（米経済誌「フォーチュン」が選ぶ世界企業番付）に入るエクセレントカンパニーに新卒で採用されるために、学生たちはGPA3・8などを目指して頑張っているのだ。

この方式は、とりわけ米国で浸透しているが、その理由はどこにあるか？

米国の場合、あまりにも国土が広く、そのうえ、大学数も桁違いに多い。しかも、同じ大学でも専攻によって難易度は大きく異なる。だから、そのすべてのレベルを認知して学生を評価することなどできないのだ。

そこで、2つの選考軸を設けている。1つは、ハーバードやスタンフォードなどの超有名校で入学も修学も厳しい基準のある大学は、それだけで書類審査を通過させるという方法。これは、日本企業が行っている（企業は否定するだろうが）学校名スクリーニングと同じといえるだろう。

ただ、これだけでは優秀な地方無名大学の学生を弾いてしまうことになる。そこで、有名校以外は、各大学のトップレベル層に限り、書類通過させるのだ。その通過キップとして「GPA評価」が存在する。

日本の大手企業もこの二軸評価を入れてみてはどうか？

従来通り、ブランド大学については、「大学名パス」で行く。

それ以外の無名大学については、高GPAパスで行く。採用総数が極端に多いメガバンクなどは無名大学の学生にもアタックしない限り、採用目標は充足できないだろう。それを現在は人力でやるからへとへとになる。ならば、GPAパスを取り入れて、「どの大学でもGPA3・5以上は書類通過！　エントリーシートも要りません！」とやれば、採用業務はダウンサイズ間違いない。

採用総数が多いメガバンクがこれを取り入れれば、すぐに人気企業全体に浸透するだろう。

結果、日本の大学生も欧米のようにGPAを上げるよう努力するはずだ。就活ばかりにうつつを抜かせなくなる。

「学業評価は社会人力と関係ない」という意見に対して

さて、こんなGPAパス方式には、必ず反対論が巻き起こる。それに答えていくことにしよう。

まず、GPA高得点者というだけで、企業の仕事がこなせるのか?という点だ。

これについては2つ、話をしておく。まず1つは、GPAだけで採用するのではない。それは書類通過の基準にしかならない。そのあとにやはり従来のように面接をする。だから人物についてはそこで見ればよい。それが1つ目の回答。

2つ目は、辻氏のDSSのように「評価基準をそろえ」、「良い科目を選別」しているわけではなく、単なる全体評価でしかないという点。ただ、全体評価でも高得点を残せる人物とは、以下のような人になるだろう。

①とびぬけて知力が高い。
②要領がよく、授業のツボをおさえたり、先輩等からうまく情報を得る能力が高い。
③地道にこつこつ何にでもまじめに取り組む。

GPAでの高得点者とは、これら3つの能力のどれかを必ず持っているという証明にもなる。

この3つの力はどれをとっても、企業の中で生かせる力に他ならない。だから採用の基準にして悪いことはないだろう。

実際、無名大学にも①②③の優秀者がかなりの割合存在する。そこにはいろいろな個人の事情がある。まず多いのが「奨学金がもらえる」大学を選んだというケース。次に多いのが、高校時代に家庭でいろいろな問題（たとえば家族不和や保護者の事業失敗など）があり、一時的に学業が疎かになっていたケース。こうした人たちも、この方式で救われることになる。

「ガリ勉ばかりで異能人材が減る」は当たらず

加えてGPAパス方式には、「結局は学業優秀者ばかりで、異能者が減る。だからだめなんだ」というよくある批判が出てきそうだ。ただ、これこそ大きな間違いといえる。

まず、こうした批判者が礼賛する「欧米企業」こそ、GPA方式を重視しているという事実。欧米エクセレントカンパニーは、無名校のGPA高得点者か、有名校のスパルタカリキュラム洗礼者かそのどちらかばかりなのだ。だから、向こうの超大手企業はパッケージングやモジュ－リング、競合分析、タ－ンアラウンド、M＆Aなどといった物まねや効率化、囲い込みばかりが得意で、斬新な発想は出てこない。そう、ガリ勉秀才の流儀といえよう。

向こうでエポックメイキングなことをするのは、ベンチャーやサードパーティばかりだ。こうした企業の創業者は、基本、ガリ勉ではないから、欧米のエクセレントカンパニーには入れない。だから自分で会社を立ち上げる。あちらで上位大学からドロップアウトして起業する人が多い理由もこのあたりにある。

一方日本はどうだろう？　大学さえよければあとは成績は関係ない、という社会だったので、企業の選考が緩く、山っ気のあるガリ勉ではない人物がけっこう紛れ込んでいる。だから、大手からエポックメイキングなことが発せられる。携帯とインターネットを世界で初めて結んでユビキタスの入口を作ったのはアステルの柳田要一氏だし、ゲームと運動をミックスして「体で遊ぶ」ものに昇華したWiiも業界最大手の任天堂から生まれている。また、楽天の三木谷浩史氏に代表されるように、ベンチャーの創業者が、もともと大手企業の社員だったというケースも多い。そんな感じで、「緩い選考」のために、異能者が大手企業に多々紛れこんでいるのだ。その部分は今まで通りに「大学名パス（有名大学ならあとは学業成果など余り見ずに人間性のみで採用する）」として残せばいいだろう。

それに加えて、無名大学向けの救済策として、GPAパス方式を導入する。この方式を人気大手企業の一角が取り入れてくれることを願っている。

Ⅳ．「名ばかりインターンシップ」対策がいよいよ必要に

産短・学長がはっきり

4大臣の要請書には「インターンシップ等キャリア教育」の強化が盛り込まれた。現行の就活だと、学生は企業実務をまったく知らず、採用情報と説明会だけで応募を決める。当然、仕事も知らずに会社を選ぶわけだから、入社後ショックも大きい。そうした問題を減らすために、大学時代に「まずは企業実習で現実を知る」ために、インターンシップを行うべきだ、という趣旨でこの方針はできあがった（欧米のインターンシップはこんな、物見遊山なお気楽なものではない。その詳細は、3章§2を参照）。

ともあれ、大臣から「インターンシップを拡充すべき」と言われた結果はどうなったか？

ここでは文部科学省と就職みらい研究所の2つのデータを取り上げるが、両者の数字は大きく異なる（**図表⑧**）。文科省版（2014）では実習期間「1日」が1・1％と非常に

図表⑧　インターンシップの期間（%）

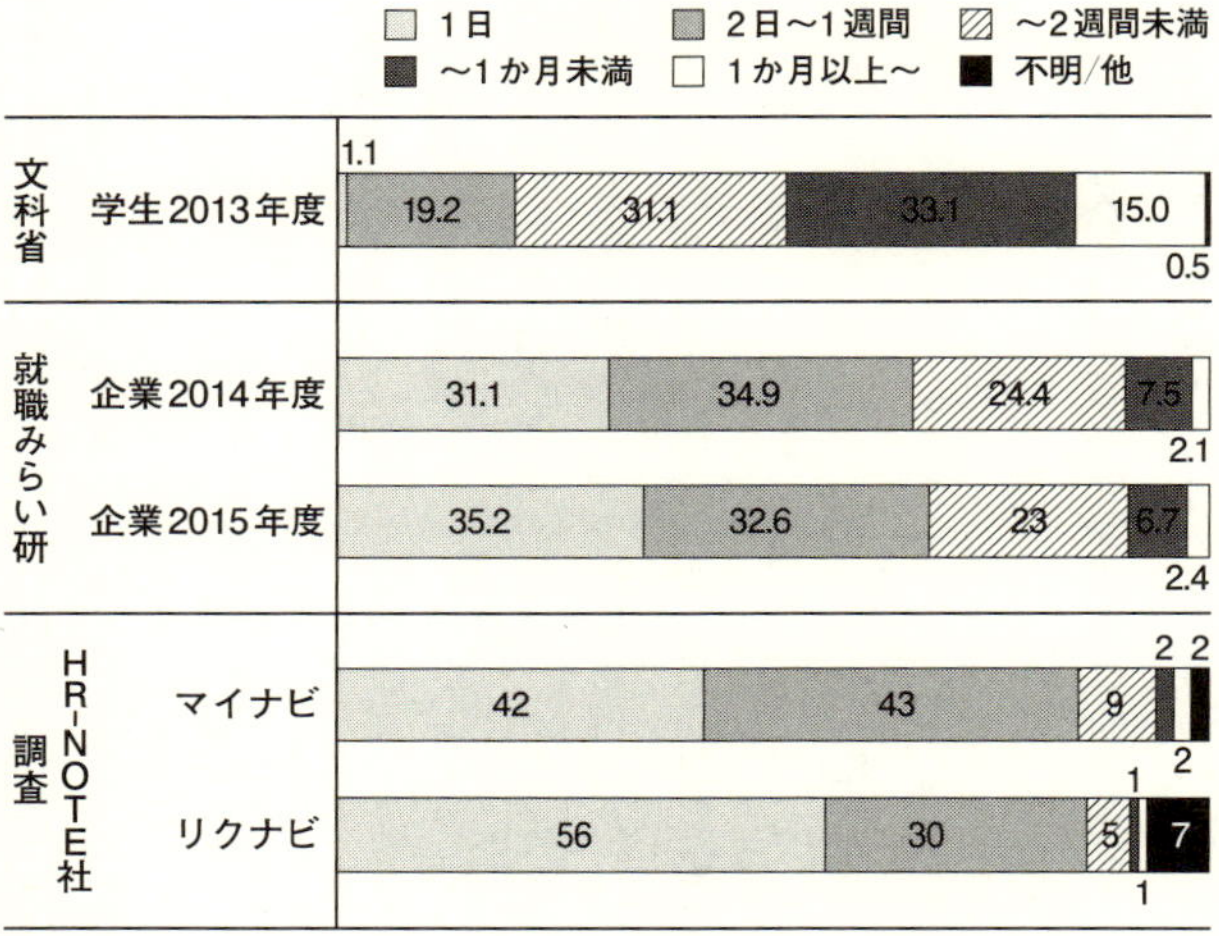

少なく、１週間以上が79％をも占める。２週間以上にしぼっても48％でほぼ半数と、けっこう長期のプログラムを体験していることになる。一方、民間の就職みらい研究所データ（２０１６年）では、実習期間１日が35・２％、１週間未満で67・８％となり、１か月以上はわずか２・４％と総じて短い傾向となる。

この違いは、以下の理由があるからだろう。

文科省データは学生に聞いたもの。就職みらい研究所のものは企業に聞いたもの（学生版もあるが、複数企業に参加した学生がマルチ回答しているため、合計数字が１００％とならないよう、比較対象から外した)。

さらに文科省データは、大学の教育プログラムとしてのインターンシップを対象としているのに対して、就職みらい研究所のものは、民間企業の主催するものを主にしている点が異なる。両者の数字の違いからは、大学主体でシラバス内にて開催するインターンシップは総じて長期ものが多く、一方、企業主催は短期ものが多いと推測できる。

この仮説を検証するために、企業主催のインターンシップについて、その実施期間を募集広告をもとに調べてみた。広告上で謳われる実施期間は、やはり「1日」が圧倒的多数であり、続いて、2~3日、1週間程度となっており、ここまでで、掲載広告数のなんと8割を超える(2016年6月8日時点)。

やはり、「企業主催のインターンシップは短い」というのは間違いのないところだろう。

機能を見極め、1dayインターンシップには規制ルールを

果たして、短期間のインターンシップは意味があるのかないのか。

この結論は一概には言えない。インターンシップにはいろいろな役割があるからだ。ざっと見ただけでも以下のようなものがあげられる。

①【覚醒】社会人生活を知る（定時に起床し、定時に出社し、長時間拘束され、帰宅する、という生活を知る。業種・会社はどこでもいいが、「社会人生活」を知る）。

②【カタログ】本格的に長期インターンシップを始める前に、どんな会社・どんな仕事があるのか、ざっと学ぶ。文字情報ではわからないことを生で見る。

③【職務のミスマッチ削減】志望している職務についてどのようなものなのか実際に働いてみる。外から見ていた憧れとの現実の差を良く知る。

④【風土のミスマッチ削減】説明会ではわからない企業の社風・環境などを実際に働いて知る。

⑤【職業訓練】欧米のような新卒採用の少ない国では、中途採用の求人に、社会人と伍して応募しなければならない。そのためには、学生時代に腕を磨く必要がある。そこで長期間のインターンシップを低給与（もしくは無給）で受ける。

企業主催で非常に多くみられる1ｄａｙ（1日）インターンシップは、②の「カタログ機能」としての効果はある。いきなり2週間も拘束されたら沢山の会社を知ることができないから、1日体験で数社見た後に、その中から長期間のインターンシップをさらに選ぶ。同様に、いきなり2週間も学生を受け入れられないという体力不足の企業も多い。そうした「入口整理」の意味では1dayインターンシップは確かに良いだろう。

ただ、企業主体で実施するインターンシップは、あまりにも1dayの割合が多い。なぜかといえば、1dayとは名ばかりで、中身は実質、会社説明会であり、インターンシップを隠れ蓑に採用ルール破りを目論む企業が多々あるからだろう。これは明らかに政府が要望した「インターンシップ拡充」の趣旨に反している。こうした邪《よこしま》な1dayインターンシップは厳しく取り締まるべきだ。

偽装説明会の撲滅は簡単だ。1dayインターンシップの開催ルールを以下のように決め、就職ナビの掲載ルールに盛り込めば事足りる。

①就活が始まる直前期は、1dayインターンシップの掲載をしない（たとえば、夏休み終了時期までで掲載はストップ）。
②1dayインターンシップの対象を大学1年から4年まで全学年とする。

秋口以降に掲載できなければ、会社説明会目的の抜け駆けとしては意味をなさなくなる。しかも、対象者を就活と関係ない1・2年まで広げることを義務化すれば、ますます、企業の採用目的は削がれることになる。

企業と就職ナビで、こうした自主規制ルールを作ってみてはどうだろうか。

§4 「就職ナビ制御」と「考査期間ブロック」で100年論争に当面の解を

就職ナビ解禁前に企業は動けないという鉄則

ここまで、過去から直近に至るまでの「新卒採用ルールとその実効」についての検証を続けてきた。得られた最大の教訓は、「罰則なく」「管理報告体制もない」状態では、ルールは守られないということにつきる。

その極め付けが、なんと2013年に4大臣連名で広く産業界に要請された新ルールだろう。ルールを守った企業とそうでない企業に二分化され、早くも形骸化しつつある。やはり、100年続いた轍《わだち》にはまるということか……。

いや、実は今回のルール変更では、今までに見られないいくつかの「有効打」が生まれていたのだ。そこから「現時点で可能な対策」というものが見えてくる。その説明を以下にすることにしよう。

§2で振り返ったここ5年の採用ルール変更は、2段階で進められた。

①まずは、2013年卒者から採用広報の解禁日が3年生の12月1日と定められた。それ以前に就職ナビに広告は掲載できない。従来は10月1日に就職ナビはオープンしていたから、広報は実質2か月の後ろ倒しになった。同時に選考活動解禁日を4年次の4月1日と明言。

②続いて、2016年卒者からは選考（面接）の解禁が4年生の4月1日から8月1日となる。同時に、広報の解禁（＝就職ナビオープン）も3年生の12月1日から3月1日へと3か月後ろ倒しされた。

一連の流れの中で、大手就職ナビは、「広報解禁日」まで新卒採用情報の掲載開始（オープン）日を2回後ろ倒すことになった。現在の発達したネット社会では、かなり人気の高い企業であったとしても、自社ホームページだけで学生募集を行うことは困難だ。大手就職ナビに学生集客を頼らざるをえない。とすると、就職ナビのオープン日をコントロールすることで、企業の採用活動は制御できる。この当たり前の事実が初めて明らかになったのだ。

就職ナビさえオープンすればあとはやりたい放題

2度の広報時期変更について、順を追って振り返ってみよう（図表⑨）。

まずは、ルール変更前の2011年度を見ておこう。企業の情報提供（就職ナビに広告を載せる）の開始時期は3年次の10月がピークであり、全体の7割近くがここから始めている。就職ナビ開始以前から採用活動を開始している企業はごく少数なのである。

次に、学生側の動きをグラフで見てみよう。学生のプレエントリー（就職ナビ上にある「興味を持った企業」ボタンを押す行為）の開始も10月がピークとなる。そう、学生のプレエントリーも就職ナビを通さないとできないからだ。

さて、その後の就活プロセスについても順を追って見ておこう。

企業側の個別説明会は10〜1月の各月に開始する企業がそれぞれ10％前後で推移する。

図表⑨　年度別に見た採用ルール変更の効果

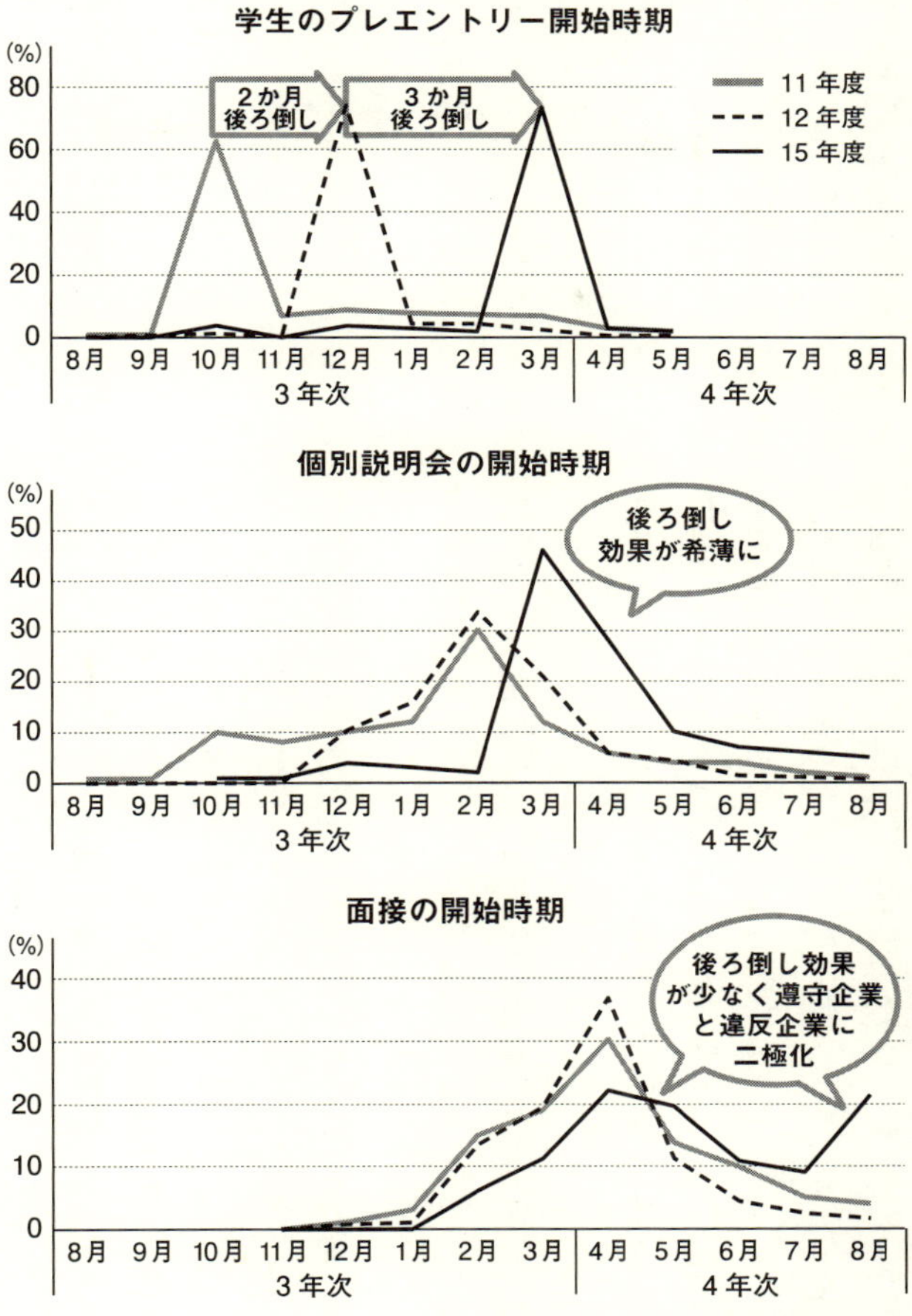

就職みらい研究所　就職白書各年度版より

ただし開始の本番は2月で、ほぼ3割の企業がここから説明会をスタートした。

これは2つの理由からなる。

1つは、当時は4年次の4月1日が面接開始というルールだったので、これを守る企業は、あまり早期に説明会をやっても意味がないため、年明けまで待っていたのだ。

ただ、年明けすぐの1月には大学の後期試験が控えている。だからこの時期に説明会を開いても、学生の参加率は低くなる。ということで、試験終了後の2月になると、ルール遵守企業がドドッと説明会を開始する。

1月開始という企業（12％）も実はそのほとんどが、後期試験終了後の1月下旬に集中する。そういう意味で、4割近い企業が、後期試験終了直後に説明会を本格化しているのだ。

そう、ここに2つ目のポイントがある。企業は大学生の「考査期間中」を採用活動の休戦状態にせざるを得ない。これが抜け駆け防止の2つ目のツールとなる。

一方で、10～12月に説明会を開始する企業が3割弱もある。これらの企業は、はなから「4月1日選考解禁」ルールを守る気のない企業といえる。ただ彼らとて、就職ナビの手を借りずに学生募集などできない。だから、10月以前には開催しようがなかったのだ。

就職ナビのオープン時期は、違反企業対策の特効薬

結果、学生の個別企業説明会への参加は、10月から急激に増え、12月まで各月10％前後となる。10～2月の5か月間で説明会参加を始める学生が3割を超えてしまうのだ。

同様に、面接を開始する学生も、やはり10月から増え始め、面接解禁前の3月にはトータルで3割を超える。お分かりだろうか？

就職ナビがオープンする10月まではルール無視企業でさえ、手も足も出ない。ただ、就職ナビがオープンさえしてしまえば、あとは、説明会→面接→内定へ雪崩を打って突き進んでいく。とすれば、ルール違反対策への特効薬は「就職ナビのオープン時期」コントロールであることがよくわかるだろう。

12年度卒ルールは「考査期間ブロック」で学業阻害がさらに縮小

次に、2012年度卒から採用広報の開始が3年次の12月1日となり、企業の動きはどう変わったか。

まず当たり前のことだが、企業の採用広報・エントリー受付ともその開始時期のピーク

は12月となり、それは7割の高率にもなった。もちろん、それ以前の開始はごく少数となる。この件については、再説明は控える。

続いて企業の個別説明会（対面）だが、こちらは3年次の2月開始が34％でピークになり、1月15・9％、2011年12月10・4％となる。

2月開始が最多なのは、前年までと同じ理由なのでこちらも説明は割愛する。

一方、12月と1月の開始企業は、両月を足しても26・3％にとどまる。就職ナビのオープンを待ってドッと開催するはずが、意外に数字は伸びていない。前年度は、1月末時点で説明会を開催した企業が約4割だったから10％以上も下がっている。この理由は何か。少し内情に迫って説明していく。

説明会はどんなに早く開催しようとしても、就職ナビオープンから、1～2週間のタイムラグが発生する。学生がナビサイトに登録し、その後、企業にプレエントリーし、説明会告知→応募→集計・準備をしていると、すぐに1～2週間はかかってしまうからだ。そのため12月1日オープンでも、説明会開始は12月中旬以降にずれ込む。ちょうどそのころには規模の大きい合同説明会といった就活イベントが控えている。こちらに集客を奪われるため、12月中旬もやはり説明会は開催しづらい。しかたがないので、年末年始に説明会を強行開催する企業も多少はあるが、そこを過ぎると期末考査が控えるため、学生の参加率が下がる。こうしたことが重なり、思うように「抜け駆け」ができない状況となった。それが、1月までの説明会開催企業数が減った理由といえるだろう。

つまりこの年のスケジューリングは、「就職ナビコントロール」と「考査期間ブロック」が奏功し、ルール破り企業が例年よりも格段に少なくなったと振り返ることができるだろう。

私としては、あと2週間、広報解禁を遅らせて、12月の第3週にしていたならば、と思っている。そうすれば、大学の冬季休暇開始目前になり、12月の授業への抵触も大幅に低下できた。このルールであれば、学生たちは、12月下旬は合同説明会を回り、その後はすぐに期末考査になってしまう。だから、ルール違反企業は手も足も出なかったはずだ。これで学業阻害も減り、ルールも徹底される。

ただ、唯一、就職ナビが、超短期間にナビサイトへの学生登録促進や合同説明会運営をしなければならなくなるため、悲鳴を上げるかもしれない。がしかし、私はこのスケジュールが、抜け駆け企業対策・学業阻害低減に最適だと思っている。

16年卒ルールは、抜け駆け企業と説明会長期化で問題多し

さて、最後に、今度は広報開始日が3年次の3月1日、面接開始日が4年次の8月1日へと再々度後ろ倒しされた2016年卒ルールの状況を振り返っておく。

まず、就職ナビのオープンとなる15年3月に、プレエントリーの開始（学生側）のピークが訪れる。この傾向は従来のオープン日と同じだ。

ただ、説明会開催（学生側からは参加）開始時期については企業側・学生側ともに3月がピークとなる。前年までは広報開始月（12年卒まで10月、13年卒からは12月）の説明会開始はそこそこだったのとは大きく異なる。くどくなるがその理由をおさらいしておく。従来だと4月1日選考開始だったため、あまり説明会が早いと間が空き、忘れられるため、10月や12月の説明会は主流にならなかったのだ。そして12月末以降は後期試験準備も重なる。結果、後期試験の終わる1月末から2月が説明会の本番となった。

対して、広報開始が3月1日だと、春休みの真っ最中で、学生は何にも拘束されず自由に動ける。つまり、「後期試験があるから」という制約はない。だから、この時期に説明会を開催する企業は増えた。

ただし、3月に説明会を開始すると、8月1日の選考開始まで5か月もある。つまり1

つ目の「間が空く」という理由には大きく抵触する。にもかかわらず、3月開催が大幅に増えた。その理由は、2つ考えられるだろう。1つは、〝8月1日ルール〟を守らない企業が増えたこと。2つ目は、〝8月1日ルール〟を守る企業は、やむに已まれず間が空くことを承知で、この時期に説明会を始めたということ。こうした企業は、8月までに学生に忘れられないようにと、3月以降7月まで何度も説明会を継続的に開催した。

この両方が合わさり、大きな学業阻害が起きたといえるだろう。従来ならほぼ春休みの間に短期集中で説明会が開催されていたものが、1学期まるまるとなったのだ。

就活というと「面接」が一番、拘束時間が長いという誤解をする人が多い。が、これは間違いだ。物理的に一番学生を拘束するのは、実は説明会だ。面接に進める学生は少ない。書類選考で落ちる人が多数いるからだ。しかも面接の拘束時間は、待ち時間を入れても2時間弱ですむ。

一方、説明会は面接よりはるかに多くの学生を受け入れる。そのうえ、書類記入時間、筆記試験、グループディスカッションなどを含めると、3時間以上の拘束も当たり前だ。明らかに、学生にとって説明会が一番の物理的拘束に他ならない。

しかも、説明会は開催に関してルールがほぼない。広報開始となった時点からいつでも開催が可能だ。事実上それは、選考が始まる（面接解禁）まで続く。この期間が長ければ長いほど、学業阻害は甚だしくなる。

3月1日広報開始―8月1日面接開始というルールが決まった時、「説明会が、5か月も開催されるのか」と就職課からは猛反発が起きたのはそうした事情があったからなのだ。

これらのことも教訓として残しておくべきだろう。

究極の抜け道＝インターンシップによる代行募集

さて、ここまでは何度か「就職ナビがオープンしていなければ、学生募集は無理。当然、説明会開催も無理」と書いてきたが、現実的には、1つだけ抜け道がある。

それが、インターンシップなのだ。インターンシップという名を騙《かた》れば、大手就職ナビサイトでも、早くから学生募集ができる（インターンシップ募集ページとなるが）。ここで、インターンシップに名を借りて学生を集め、1dayインターンシップというタイトルで説明会を開催してしまえば、いくらでも抜け駆けはできる。

実際、広報解禁が後ろ倒しとなるたびに、そういう抜け道を使う企業が増えていると、データからは読める。

たとえば、広報解禁が10月から12月に後ろ倒しとなった2013年卒は、解禁早々の12月に、いきなり面接に進む学生が5・5％も現れている。それまでのオープン月だと2～3％だったものがおよそ2～3倍増だ。すでに書いた通り、説明会開催はサイトオープンから1～2週間後でないとできない。だから、オープン初月は立ち上がりが鈍い。実際、この年の12月説明会開催率は、待ちに待った解禁日なのに、解禁3か月目に当たる前年度の数値を大差ない数字に留まっている。採用プロセス的には、説明会を経てから面接をするのが一般的だから、説明会が増えなければ、面接も増えないはずだ。にもかかわらず、この年は面接者のみ急増とは合点がいかないだろう。とすると、あらかじめ「1dayインターンシップ」という名で説明会を開催していたと読み取れる。

2016年卒になると、広報開始は3月へとさらに後ろ倒しとなった。このときには、広報解禁早々の2015年3月になんと面接を受けた学生が5割とさらに大幅に増えた。説明会をやらずにいきなり面接とは考えにくいから、明らかに、広報解禁前に1dayインターンシップという名の説明会で仕込みを終えていたのだろう。

そう、「インターンシップに名を借りた説明会」対策を打たなければ、就職ナビコントロールは中途半端に終わるのだ。

罰則や監視がなくとも5つのアイテムでルールは厳格化可能

以下、ここまでをまとめておこう。

①企業は就職ナビのオープン前には、事実上、大規模な募集活動は行えない。
②就職ナビがオープンすれば、ルール違反企業は雪崩を打って内定まで進む。
③ただし、そうしたルール違反企業さえも大学の考査期間は一時休戦とする。
④ルール遵守企業は、広報解禁以降、説明会を繰り返し開催する。ルールを守っていたとしても、現実的にはこれが大きな学業阻害となる。説明会開催期間が短縮されるスケジュールを考えるべき。
⑤ルール違反企業の抜け道として「インターンシップの名を借りた学生募集」が行われている。とりわけ秋口以降の１ｄａｙインターンシップによる説明会代行は、採用ルール徹底のために何かしらの規制を設けるべき。

以上のアイテムをうまく組み合わせれば、抜け駆けができない採用ルールが実現できる。

産・学・ナビに期待したいこと

結局、1世紀近く曲折した新卒採用ルールに関しては、「就職ナビコントロール」と「考査期間ブロック」を軸にすれば成り立つとわかる。浜の真砂のごとく数多《あまた》存在する企業それぞれに採用ルールを守らせることは不可能だが、就職ナビサイトの大手数社をコントロールするだけなら不可能ではない。かってできなかったことが、ネット全盛の今だからこそ可能になる。

ここに協議の方向を集約してみてはいかがだろうか。以下、方向性を付言しておきたい。

①産業界に／　書類選考について、従来の大学名（を見ていないとはいうが）パスに加えて、成績でのパスも用意してはどうか。こちらは「救済策」として機能させることを勧める。名前を知られていない大学でも、たとえばGPA3・5をクリアしている学生は、選考の俎上に載せる、などの欧米的慣行を導入するのだ。そうすれば、隠れた異能の発掘も簡単になる。しかも、入学偏差値だけでなく、学業をも重視する風潮が学生に生まれる。

②大学側に／　就活は「面接」よりも「説明会」が一番の学業阻害であることに気づいてほしい。とすれば、説明会が学業に重ならない時期に運営されるようなルールが最良だ。16年卒ルールよりも13年卒ルールの発展版を再考する余地はないか？　たとえば、広報解禁を12月3週目まで後ろ倒しし、企業がＧＰＡ評価を取り入れることを条件に、4月1日選考開始に戻せないか？　抜け駆け企業も少なく、説明会は春休みに終わるという学業阻害低減が実現するはずだ。

③就職ナビに／　1dayインターンシップが採用ルール形骸化の糸口になる危険性をはらんでいる。たとえば、1dayインターンシップは全学年対象を義務づけ、しかも、就活直前に当たる10月以降は掲載を不可にする、などのルールを作ってみてはどうか。また、12月第3週にナビサイトをオープンするという難スケジュールにも対応できないものか。

ともあれ、1世紀の間、なんの手立てもなかったものが、ようやく、効力を発する5つのアイテムが見えてきた。その意味では、今回の「就活後ろ倒し」議論は決して無駄ではなかったといえるだろう。

2章　やめられない止まらない日本型雇用

～人事管理的にはこんなにも便利。だからやっぱりやめられない～

企業内労働組合、年功序列、終身雇用——日本型雇用の特色を語るときに使われるスタンダードな用語だ。これらは1958年に出版された『日本の経営』(ダイヤモンド社)で、著者のジェームス・アベグレンが用いてから広まった。

このほかにも日本型と欧米型の雇用システムを対比するときに用いられる有名な言葉がいくつかあげられる。たとえば、内部労働市場が日本型、外部労働市場が欧米型。こちらはシカゴ経済学派の重鎮ゲーリー・ベッカーの用語。

そして近年、「雇用のご意見番」たる濱口桂一郎氏(JILPT統括研究員)が編み出したのがメンバーシップ型(日本)・ジョブ型(欧米)という対比。

いずれも、人事・経営をかじった人間なら知らないはずはない常識的な言葉だ。では、なぜそんな先進各国と異なる仕組みが日本には根づいているのか。この説明はなかなか難しい。

多くの場合、日本型は、高度経済成長下で組織が急拡大するときに必要だった仕組み、もしくは、長期熟練が重要な職人芸の世界で必須だった仕組み、という説明がなされる。だから、「現代の知的産業主流、かつ低成長の時代には似つかわしくない」という結論が下される。

このあとに三段論法で続くのは、「にもかかわらず日本企業は変われない」「時代遅れで過去の成功体験にしがみついている」「経営者も労働者も頭が固い」という話になる。

そんな空気のような理由でこの仕組みは維持されているのではない。

もっと大きなメリットがあることをまず振り返っておきたい。

ここでは、新卒一括採用を単体で論議するのではなく、日本型雇用という系の中で、とらえ直していくことにする。

§1 役員が抜けてもその補充は新卒採用で事足りる、魔法の杖

人事管理から新卒採用を考える

たとえば、大きな自動車メーカーを想定してみよう。毎年数百名が定年や転職などで辞めていき、今年も以下のようなキーマンが退職をしたとする。

・燃料噴射装置の開発責任者（部長格）
・車体懸架システムの部門長（事業部長格）
・販売戦略／代理店統括の総責任者（執行役員格）

では、この3人の穴を埋めるには、どうしたらいいか。

欧米企業の人事担当者に聞いたら、たぶん、こんな答えが返ってくるはずだ。

「ヘッドハンターを使って、最適人材を探す。すでに同業で燃料噴射や車体懸架に詳しい人物に打診し数名が当社に興味を示している。販売関連の執行役員については、同業でなくともいいから、個人向け高額商品を扱う大メーカーで代理店管理をしていた人物をリストアップしたところだ」

さすが！　と人事に詳しくない日本人なら思うだろう。が、しかし、欧米企業の担当者は、そのあとにこんな言葉を加えるのが現実だ。

「ただ、ぴったりな候補は少ない。その上、こちらに興味を示してくれる人は、何かしら厄介な事情を抱えていることが多い。さらに、同業から人を抜けば、今度はこちらが狙われることにもなる……」

日本型の副作用はモチベーションアップ？

さて、同じような欠員が生じた時に、日本企業ならどうするか。たぶん、以下のように答えるだろう。

「誰が抜けても、補充は、新卒学生を採用すればそれで終わりです」

燃料噴射装置や車体懸架システム、販売戦略の執行役が、未経験の新卒で代替できるとは、にわかには信じられないだろう。欧米企業の人事なら「そんな無茶をしたら組織に歪みができる」と憤るに違いない。対して、日本の人事は胸を張りながらこう笑うことになる。

「ええ、確かに副作用が出ますね。組織全体のモチベーションが上がり、ともすると残業が増えてしまう、とか」

欧米の雇用契約が意味すること

誰が抜けても、新卒1人で補充できる——魔法の人材管理術が、日本型雇用の妙味といえる。このメカニズムについて、詳しく説明していくことにしよう。

まず、欧米での雇用契約は「やるべき職務が定められている」と言われる。俗にいう職務限定型雇用だ。

一方、日本は、職務内容があいまいで、「会社に入る」という契約となる。だから無限定雇用、もしくは流行りの言葉ならメンバーシップ型雇用と呼ばれる。

この言葉が本当に意味するものは何か。

欧米4か国の職務の状況を克明に調べた「諸外国の働き方に関する実態調査」(2014年、厚生労働省)をもとに、米蘭独仏4か国の人事管理の特徴を**図表⑩**にまとめてみた。職務内容については波線、異動・配転については下線で、共通ポイントを示している。

①欧米の「職務限定型雇用」といっても職務記述書に書かれた内容は、職務名称、職位、勤務地、待遇などで、明確に「これさえやればいい」という個別タスクが書かれているわけではない。かなりあいまいなものなのだ。

②一方、企業に人事権はなく、職務範囲・勤務可能地域を逸脱するような異動・配転を企業が一方的に行うことはできない。そうした契約変更に準ずる指令は、事前の本人の同意が必要となる。つまり、人事を勝手に決めるというイニシアティブが企業にはない。

図表⑩　ホワイトカラーの雇用契約

	職務内容	異動・配転
フランス	労働契約書において、仕事内容については、採用後の柔軟な変更を予定して、職務名称や肩書程度の一般的内容にとどめる事例がみられる。本人の同意を条件として職能や職種の変更を伴う配置転換も実施されている。	転勤を伴う異動を柔軟に行ううえで、地理的モビリティ条項を入れている事例がみられる。（中略）地理的モビリティ条項を結ばない社員についても、本人の同意を条件に転勤が行われる事例がある。他方で、地理的モビリティ条項を結ぶ場合でも、企業側が一方的に転勤を命じるのではなく、本人の意思確認を行ったうえで要請を行うかたちで転勤が実施されている。
アメリカ	職務記述書により職務等を明示して募集・採用がなされているが、今回の調査で接した限りでは、ホワイトカラー労働者の職務記述書は、ある程度、概括的・抽象的に書かれている。	昇進・異動は労働者との合意によりなされており、拒否しても特段の不利益な取扱いを受けないとの回答がほとんどであった。 ポジションを変更するタイプの昇進・異動は、社内公募等で労働者との合意によりなされ、職務記述書等の変更を伴うが、労働契約の再締結はなされない。
オランダ	職務記述書の内容は概括的なものにとどまっており、属人的にその都度変更されるわけではないし、職務の見直しに伴い頻繁に改訂されているわけでもない。少なくとも、こうした職務記述書等の形式面で職務内容が厳密に特定されているわけではない。	職業キャリアの形成については労働者個人の選択に委ねるべきとの考え方がみられ、採用後の具体的な職務の内容や遂行方法、あるいはその後の人事異動に際して、労働者との個別の面談を通して徹底的な合意形成が図られている点で共通する。
ドイツ	雇用契約書における職務内容としてジョブタイトルや職種、職位、部署名などを記載していた。雇用契約書に加えて職務記述書を設けて具体的な職務内容を明記する企業もあったが、いずれの企業も職務内容を明確にしつつもその範囲が狭くならないようにバランスに留意する。	従業員本人と事業所委員会双方の事前同意が必要となることである。従業員と事業所委員会の一方が同意しないことがあれば異動を行なうことはできない。企業側としては、従業員の同意を得るための取り組みを行なっている。（中略）能力開発につながるような魅力的な人事異動案を提示したり、海外に赴任する際には特別手当を提供したりしている。

厚生労働省「諸外国の働き方に関する実態調査」（2014年）より

図表⑪　「雇用」の意味の相違

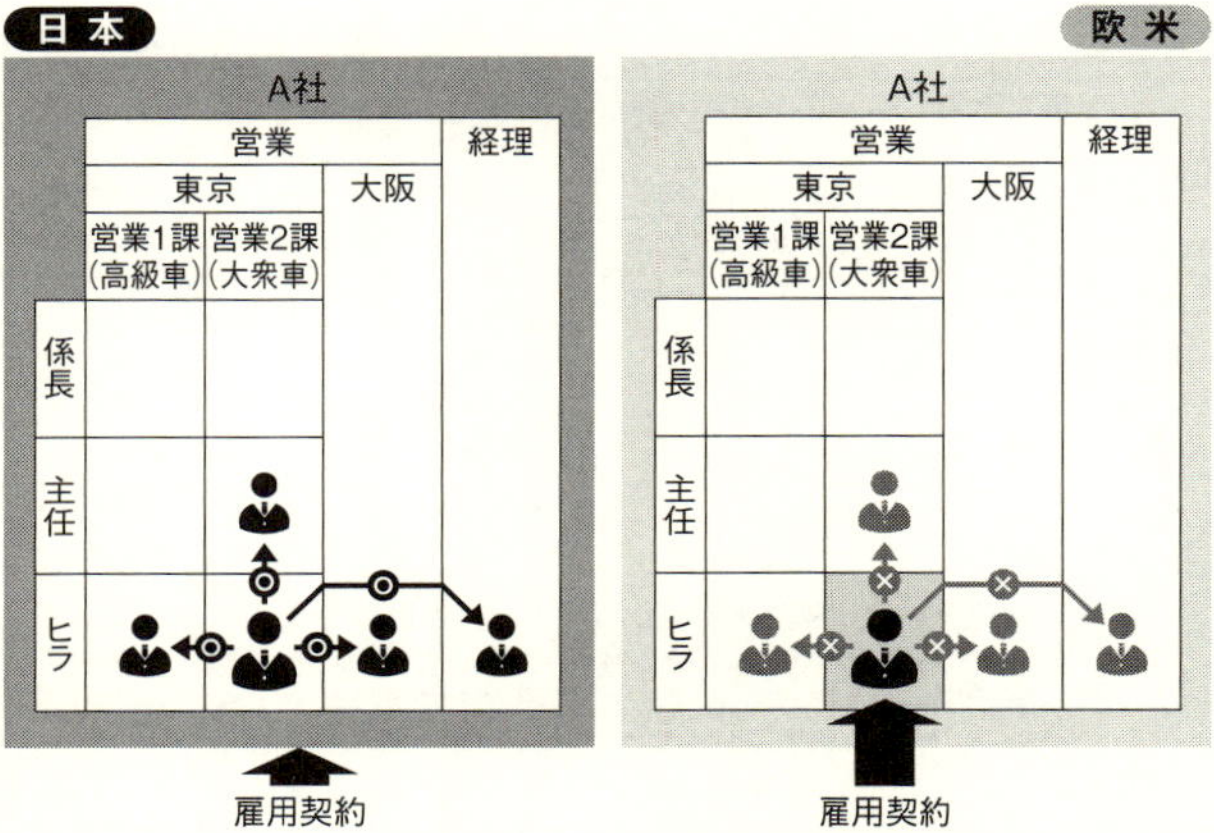

日本が「A社雇用」なら、欧米は「A社／東京営業所2課雇用」ということ。

それが欧米型雇用の特徴といえる（図表⑪）。

人事権がなければ大量の配転は無理

ここまで理解すると、欧米では上位役職者が退職した場合、なぜ、人材を外から補充しがちなのかが、初めてわかる。

たとえば**図表⑫**のように執行役員の空席を、事業部長からの昇進で埋めた場合。この昇進行為にも当然、本人の同意が必要になる。

そして、今度は昇進した事業部長のポストが空くので、この空席を埋めるために、候補者となる部長に事前打診が必要になる。

図表⑫　欧米での空席補充

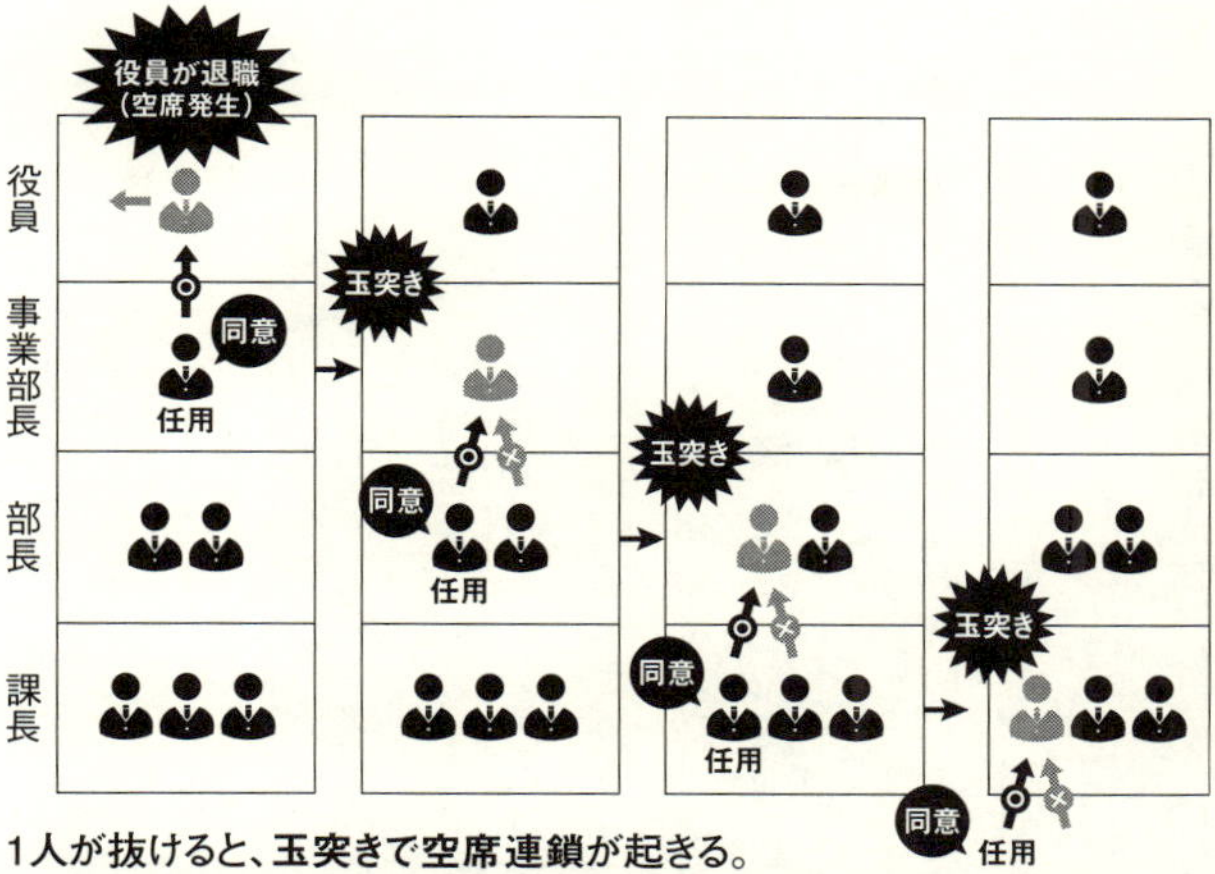

1人が抜けると、玉突きで空席連鎖が起きる。
企業主導でポストの付け替えができないから、容易に空席は埋まらない。

さらに、部長の抜擢で事業部長の空席を埋めると、今度は部長に空きができ……と社内補充している限りこの作業は延々と続く。途中で横滑りなども必要となるので、空席補充はさらに多くなる。

　上位役職者でも年間100名を超える退職が当たり前の欧米大企業で、6〜8階層もこの玉突きや横滑りを繰り返すことなどとても無理。だから社内で補充するのをどこかで諦め、外から補充することになる。

日本では組織の末端に大量の空席ができる。だから新卒採用が可能

　一方、日本はどうか。役員が抜ければ、

「企業主導」で事業部長を1人昇進させればいい。事業部長が役員に昇進してできた空席も、部長の中から補充すればいい。さらにできた部長の穴も、評価の高い課長を上げて、もしくは地方から横滑りもあり……こんな人材のパッチワークを定期異動一発で終えられる。結果、欠員補充は、すべて末端の新人レベルに寄せられる。だから新卒一括採用で事が足りる――これは、無限定雇用に発する企業の人事イニシアティブがあればこそできる芸当だ。こうして、日本企業では、大量のエントリーレベルの求人が組織の末端に発生する。だから、若年未経験者の大量受け入れが可能になる。

さらにこの仕組みは、社内にモチベーションという良き副作用を敷衍させる。役員がたった1人辞めるだけで、各事業部長が「次は俺か？」と色めきたち、空席の連鎖で、部長も「俺か？」、課長も「俺か？」と何階層もの人たちが仕事に精を出すことになる。

欧米型中途即戦力採用だと、えてして「どうせ偉い人は社外から来るんだから」とあきらめが横行するのと、まさに好対照だ。

前出の「諸外国の働き方に関する実態調査報告書」冒頭で佐藤博樹教授（中央大学大学院戦略経営研究科）は以下のように記している。

「（編注、欧米企業の人材補充は）経験者の中途採用が主で、新卒採用を行っている企業でも新卒採用者の比率は低い。

欠員が生じた際に、職務内容を提示して当該職務の経験者を中途採用することが一般的である」

常に末端に大量の空席が寄せられる日本に対して、欧米では、エントリーレベルの職務で誰かが辞めた時にしか末端に空席はできない。未経験者受け入れの土壌が異なる理由はこのメカニズムで説明できるだろう。

世界でも稀な日本企業の「新卒一括採用」はこれまた世界でも稀な「無限定雇用」そしてそれに発する「企業の人事イニシアティブ」が三位一体となってできた、魔法の人員補充策だ。だからどんなに批判があれど、企業はこの便利な仕組みを簡単には捨てない。

§2　ゆで蛙のように未経験者を育てられる無限階段

OJTとは何か

日本の大手企業だと、文系学生の新卒採用数が100名を超えることはざらである。金融系などでは好景気にはその数が1000名に近づくことさえ珍しくない。彼らの出身学部は、経済や経営といった金融と親和性の高い学部にとどまらず、法学部、教育学部、文学部などからも大量に採用している。こうした門外漢を入社させて、なぜ日本企業は高額な法人融資を扱うような金融のプロに育てられるのか。

「社内教育が整っているから」という答えが返ってきそうだが、誤解しないでほしい。大手といっても、Off-JT[1]の研修教育プログラムで育成を行っているわけではない。どの企業でもOJT[2]が社員教育の大半を担っている。

このOJTとは何なのだろう。

単純に一言でいえば、こうなる。

「できそうな仕事を寄せ集めてやらせ、慣れて腕が上がってきたら、少しずつ難しい仕事に入れ替えていく」

このメカニズムについて、説明することにしよう。

注(1) Off the Job Training 職務を離れた研修などで行う教育
注(2) On the Job Training 職務の中で覚えさせる形で行う教育

「慣れたら難しい仕事を」の連続でシームレスな無限階段

たとえば、新卒未経験者が経理部門に配属された場合、財務会計や管理会計といったメイン業務を任せる前に、比較的専門知識が少なくてもできる「債権管理」が、えてして新人の仕事としてあてがわれる（図表⑬）。

ただ、債権管理といっても、未経験者が全部こなすことは難しい。たとえば、支払いを長期間滞納しているような厄介な顧客を相手にした売り掛け回収は無理だろう。

だから、こうした難業務は、彼らには振られない。代わりに経理の各ポジションから、「未経験でもできる仕事」が寄せ集められることになる。

財務会計からは伝票のファイリング、管理会計からは日報への数値入力、税務からはレシート類のＰＤＦ化などを仰せつかることになるだろう。そのどれもが、専門知識など持たなくてもできるからだ。

こうして日々、簡便な雑用をこなすうちに、経理の幅広い実務が見えてくる。財務から降ってくる伝票の分類の意味がわかり始め、管理会計上の日程進行率と業績数字の関係も、小学校の算数がわかれば次第に読めるようになる。

図表⑬　ゆで蛙型無限階段

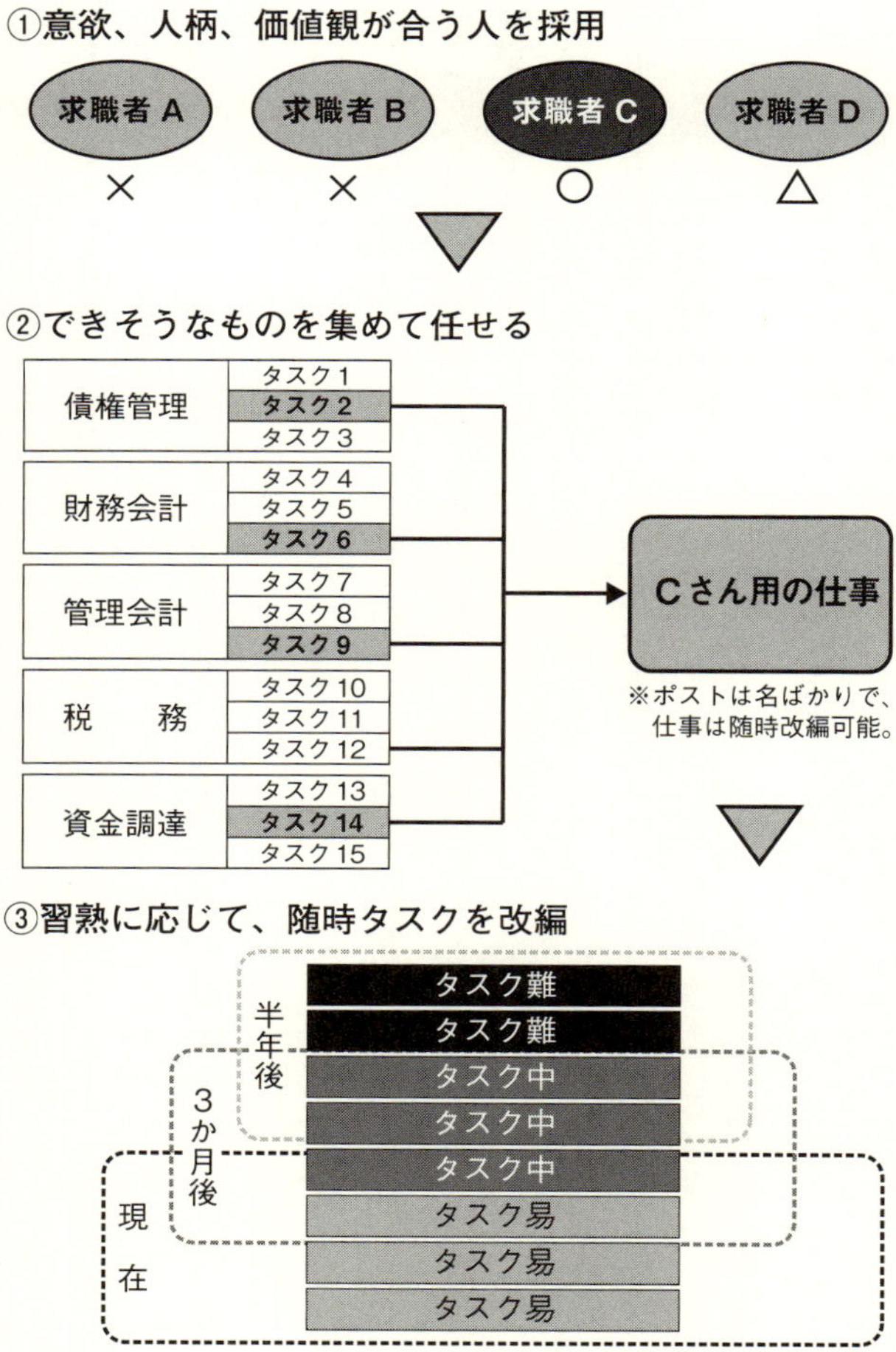

そして、余裕が出て暇になると、「もっと難しい仕事を」と、少しずつ仕事が入れ替えられ、難易度の高い仕事が振られる。この繰り返しで、仕事はだんだん難しくなっていく。会社は無駄に給料を払いたくないから、少し手が空けば、すぐにその分、難しい仕事を任せる、という連続で、新人は自然と階段を上っていく。それだけなのだ。

こんなことができるのも、職務無限定だからだろう。

習熟に応じてタスク入れ替え

こうして、会計専門学校を出たわけでもないのに、債権管理を入り口に財務会計や管理会計の初歩を身につけていく。

そして翌年になり、新たな新人が入ったところ、彼は債権管理を卒業して、財務会計に移っていくことになる。そこでも最初は数字集計をやり、うまくできるようになれば、今度は支店会計を、そしてそれもできたら本社決算を、という形で、いつでも腕が上がればその分、新たな仕事を任され続け階段を上っていく。

結果、全くの素人がいつの間にか、全社決算を司れるようになっているのだ。

この流れ＝「できることから任せて、徐々に難しく」という日本流の育て方を人事の世界では「ゆで蛙」と呼ぶ。

蛙はいきなり熱い湯に入れられれば、耐えられず飛び出してしまうが、水を張った鍋に入れて、ゆっくり温めていくと、高温になっても鍋にとどまる。日本型キャリアステップも、いきなり難しい仕事につけるのではなく、最初はだれでもできる仕事を任せ、ゆっくり仕事を入れ替えて、知らない間に難しくする点を、ゆで蛙にたとえているのだ。

欧米でもタスク変更は可能。だがポストの随時変更は難しい

図表⑩で示した通り、欧米のホワイトカラーも、職務内容に関してはかなりあいまいで、日本的な「ゆで蛙」教育が可能な部分もある。がしかし、ポストや勤務地の変更を伴う人事異動となると、こちらはかなり硬直性が高くなる。

債権管理ポストから財務会計ポストへ異動させ、財務会計の中でも、仕訳を覚えたら支店付き経理に回し、支店決算ができるようになれば本店に戻す、というような異動を企業主導で行うことは難しい。まず、本人の事前同意が必須であり、仮に本人が同意したとしても、そもそも、異動先のポストが空いていなければ動かすことはできない。そのためには、現在、異動先の業務をやっている人を、予めどこかに移さなければならないが、人事イニシアティブがない欧米企業にはそれが難しい。というわけで、欧米型雇用では、末端の何万何千という社員のキャリア形成を、会社が主導することは少ない。

一方で、やる気があり、自らキャリアアップを考える一群は、自らの努力で腕を磨き、空席公募に手をあげ、早期にキャリアを積み上げていく。そうした早期昇進者が一部で生まれるという良さも、欧米型にはあるといえる。

§3　不況をもはねかえす、ヒミツの報酬制度

解雇が困難な本当の理由

日本型雇用で、企業経営的に一番問題となることは何か。

それは、解雇の難しさだろう。ただし、日本の法律には、厳しく解雇を制限する条文や不当解雇に対する懲罰規定などは存在しない。一方、欧州諸国は解雇に関してそれを制限する条文や厳罰規定なども記されている（**図表⑭**）。

とするとなぜ、日本は解雇が難しいといわれてしまうのか。

図表⑭　解雇に関する法律

日　本

民法627条

●解雇・退職の自由

当事者が雇用の期間を定めていないときは、**各当事者は何時でも解約の申し入れをすることができ**、この場合雇用は解約申し入れの後、2週間を経過することによって終了する。

民法1条

●権利濫用の禁止

1. 私権は、公共の福祉に適合しなければならない。
2. 権利の行使及び義務の履行は、信義に従い誠実に行わなければならない。
3. **権利の濫用は、これを許さない**。

「解雇権濫用の禁止」という形で解雇が制限

↓

2003年の労働基準法改正 2008年の労働契約法制定

1. **業務上の災害または産前産後の休業中及びその後30日間の解雇は禁止**（労働基準法19条）
2. 解雇は、30日前の予告または、30日前に予告をしない場合は30日分以上の解雇予告手当が必要（労働基準法20条）
3. **客観的に合理的な理由と社会通念上相当であると認められない限り、解雇権を濫用したものとして、解雇は無効**（労働契約法16条）
4. 有期労働契約における期間途中の解雇は「やむを得ない事由」がない限り認められない。（労働契約法17条1項）

スウェーデン

雇用保護法（SFS:1982:80）

●解雇

解雇には客観的な理由が必要。**被用者に他の労務を提供するよう使用者に要求することが合理的であれば客観的な理由は存在しない**。営業譲渡はそれだけでは客観的な理由とならない（第7条）。

解雇は書面で行い、**被用者が不服の場合の手続を教示する**（第8条）。使用者は**解雇の理由を明示しなければならず**（第9条）、原則として**直接本人に行わなければならない**（第10条）。

●解約通知期間

勤続2年未満:1か月、**2年以上4年未満:2か月**、**4年以上6年未満:3か月**、**6年以上8年未満:4か月**、**8年以上10年未満:5か月**、**10年以上:6か月**(第11条)。

解雇通知後、使用者が業務を命じなくても被用者は賃金その他の手当の権利を有する（第12条）。

●一時解雇期間中の賃金その他の手当

一時解雇期間中の被用者は同一の賃金その他の手当の権利を有する(第21条)。

●定年退職

被用者は67歳に達した月末まで継続雇用される権利を有する(第32a条)。

●損害賠償

使用者が、解雇通知や即時解雇が無効である又は有期契約が期間の定めなきものであるという裁判所の判決を拒否したときは、当該雇用関係は解除されたものと見なす。この場合、使用者は被用者に次の損害賠償を払わなければならない。勤続5年未満：**6か月分**、**5年以上10年未満：24か月分**、**10年以上：32か月分**（第39条）。

その理由は、法律ではなく、やはり日本の「無限定な」雇用慣習にある。

本来解雇とは、「仕事がなくなる（整理解雇）」か、「その仕事が全うできない（能力解雇）」ときに起きる。欧米的な職務限定型雇用であれば、自分が契約しているポストがなくなるか、それが全うできなければ、解雇の事由となりうる。だから、本来は、解雇が簡単なのだ。逆にいえば、それが理論上たやすいがために、欧州諸国では厳罰を法律化して制限している。

一方の日本は、職務を限定していない。とすると、「現在就いている仕事がなくなっても、他に異動させることで対処すべし（＝整理解雇が難しい）」となる。同様に、「現在就いている仕事が全うできないなら、他の仕事に異動させろ（＝能力解雇が難しい）」ともなる。

§1と2で見てきた通り、無限定雇用には企業経営を利する点がある。そうしたメリットを享受する代償として、企業側には「むやみに解雇できない」義務が課される。そう、法律ではなく、無限定雇用慣習によって、日本では解雇が難しくなっているのだ。

残業代と日本型賞与は優れた調整弁

企業経営的には人事イニシアティブが強く、人材補充が楽で、育成も容易な無限定雇用を捨てたくはない。ただそのメリットを享受するためには、その分、解雇が難しいという代償を支払わなければならない。そこで、このデメリットをカバーする方向に、日本型雇用は特異な進化を見せる。

実は、日本型企業の人件費は固定部分が小さく、変動比率が高い。だから、景況による業績変動をよく吸収し、不況時に整理解雇をうまく避けられるようになっている。変動比率を上げることに大きく寄与しているのが、残業代と賞与だ。

ご存知の通り、日本人の年間労働時間は長い（**図表⑮**）。2014年度の「賃金構造基本統計調査」（厚労省）をもとに、大手企業の年収に占める残業代の比率を算出すると、ヒラ社員・係長クラスではおおよそ10％となる（**図表⑯**）。同様の手法で年収に占める賞与割合を算出すると、約20％となり、両方足すと約30％を超える。理論上、業績下降時にこの30％分を人件費圧縮できる。

一方、欧米はどうか。まず、**図表⑮**に示した通り、欧州諸国ではなべて残業時間が少ない。賞与も、経営層ではない一般社員は、日本よりも少額であり、それも固定的に支払う

図表⑮　各国の残業時間比較

フルタイマーに絞ると日本の労働時間はOECD中3位

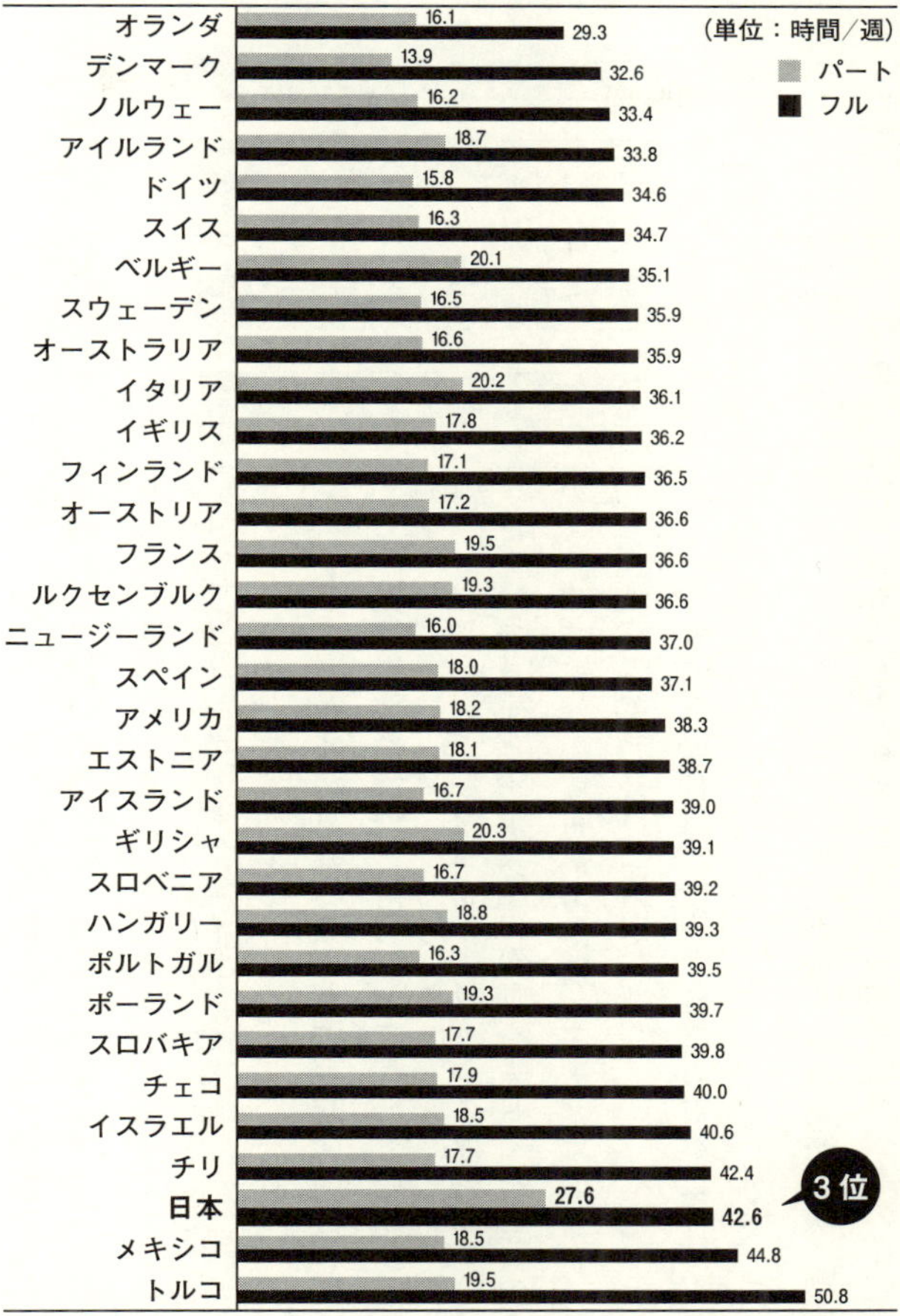

各国数値はOECDデータ（2011年発表）、日本のみ、厚生労働省「労働力調査」（2010年）より

図表⑯　日本企業の給与構成（大卒×男子×一般社員）

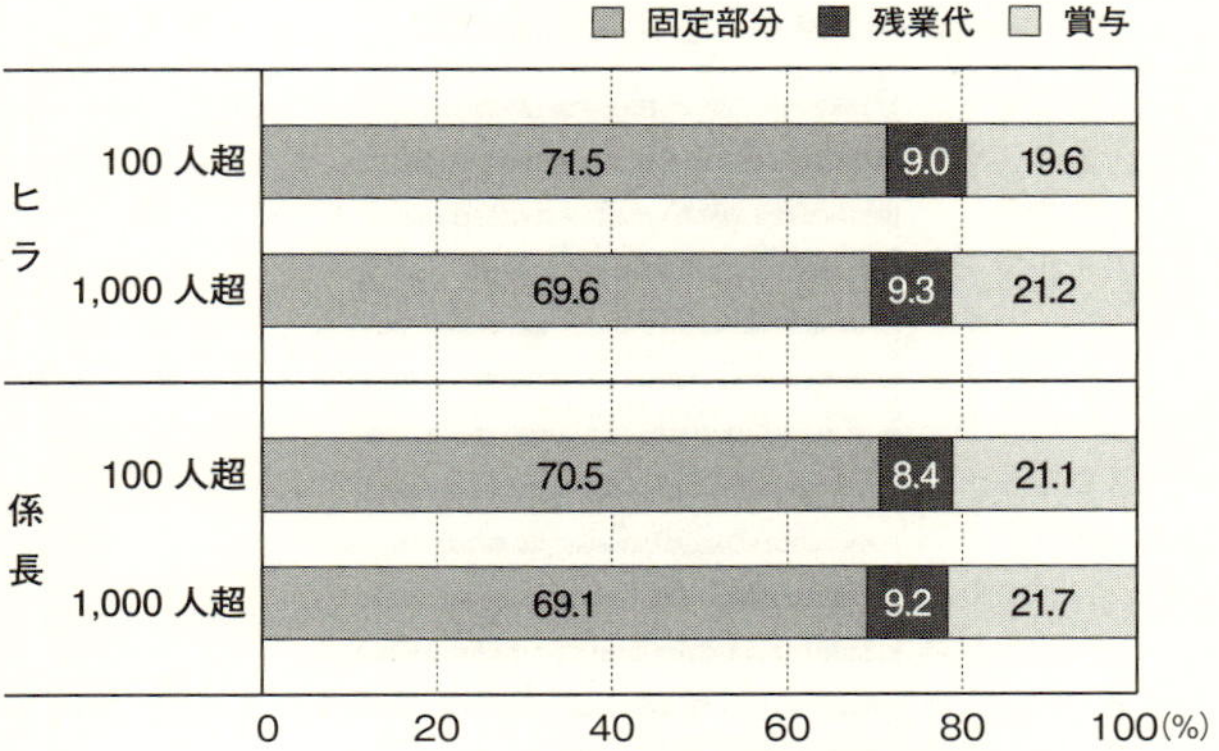

厚労省「賃金構造基本統計調査」（2015 年）より

ケースが多い。独仏蘭などの欧州諸国では「13か月目の給与」という協約を結ぶケースが多く、固定的に1か月分を支給する内容となっている。だから不況の時にも削減できない。

その他に賞与を支払う場合も、「休暇手当として0・4か月分」などと固定的な場合が多い。勤続年数や皆勤・精勤などで賞与を増減させるケースもみられるが、それとて、好不況で増減はできず、企業業績の変動を吸収する性質のものではない（笹島芳雄著『アメリカの賃金・評価システム』日経連出版部）。

米国の場合も、一般社員に対する賞与は、欧州と類似するケースが多く、日本同様、ゲイン・シェアリング（企業・部門業績反映）型の賞与を支給する企業も一部あるが、その比率は

図表⑰　年収別に見たボーナスの割合（アメリカ）

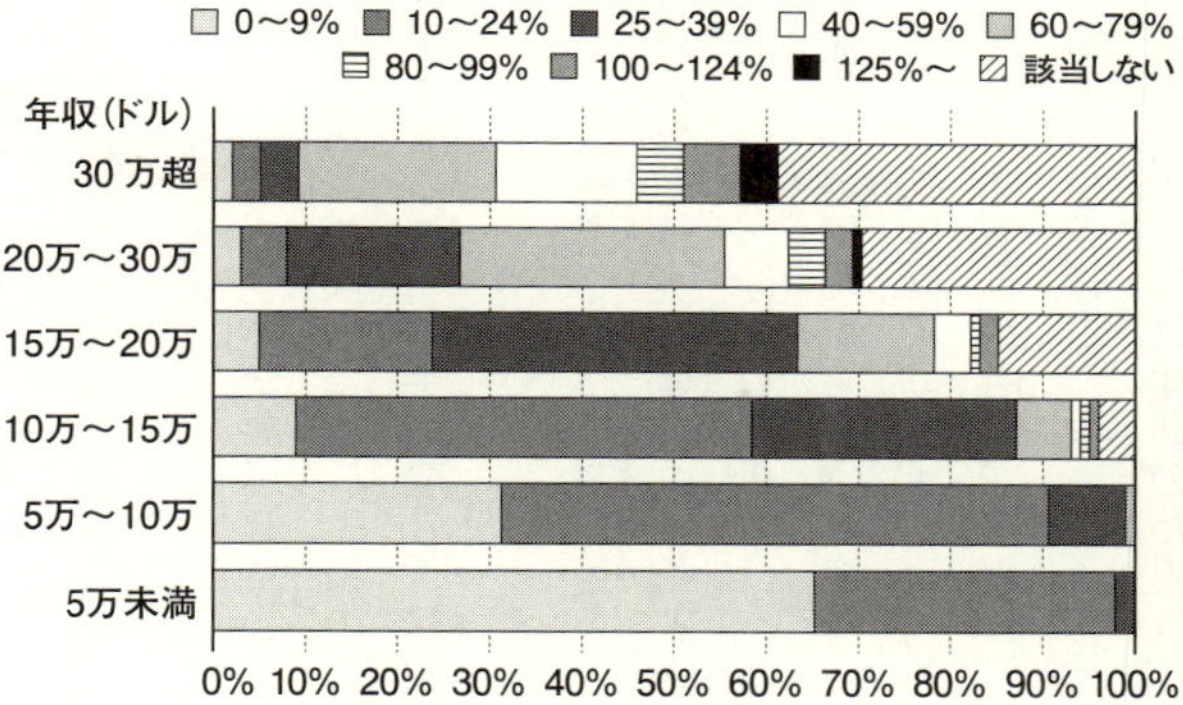

WrodWork 調査 2004 年、『アメリカの賃金・評価システム』（笹島芳雄）より

高年収者で高くなり、一般社員では低くなっている（図表⑰）。

唯一、構造型不況には弱い。だから分散型投資の出番

つまり、欧米に比して日本の報酬体系は、変動比率が高く、それも企業業績に連動する形で上下するので、業績変動の良き緩衝材となっているのだ。

試みに、残業・ボーナスを半分に減らすと、一般社員の総年収は2割弱減る。欧米企業なら、2割の人員削減か、もしくは大がかりなワークシェアが必要となる不況も、まったく人員調整なく乗り切れることがわかるだろう。

このほかにも、日本企業には定年による定期

的な雇用終了が自然発生する。さらに、有期契約社員の期間満了による雇用終了もある。安全弁が何重にも張り巡らされている。だから日本企業は、短期の業績変動を吸収し、「無限定社員」の雇用を守ることが可能なのだ。

ただし、業界全体が衰退していくような長期構造不況時には、日本企業も耐えることができず、構造転換のために大量の人員整理が必然となる。この時点で、無限定社員の雇用を終了させることに手間取り、経営判断が遅れてしまう。その点が最大のウイークポイントといえるだろう。

こうした構造不況への対処策として、かつての日本企業は社内に多事業を抱える形で、リスク分散を行ってきた。すそ野の広い事業展開をしていれば、どこかの産業が衰退しても、別の産業が伸長して帳尻は合わせられる。そして、そうした事業間の人の行き来さえも、無限定雇用だから許される。こうして、資金も人材も、衰退産業から新興産業へとグループ内移動させ、ゴーイング・コンサーン（継続企業の前提）を実現できたのだろう。

つまり、日本型雇用は、自らの欠点を補い経営に資する方向へと、絶妙の進化を遂げ、包括的な系を成している。だから、多方面から批判の矢が射られても、大きくシステムを変更する気にはなれないのだろう。

3章　欧米型雇用の不都合な真実

〜日本型批判者が語らない欧米型の問題点〜

「新卒一括採用をどう変えていくか？」

そのヒントになるのが、欧米の入職の仕組みだ。

- 欧米では、新卒時点で仕事に就かなくても入職のチャンスはいくらでもある。
- 欧米では交互教育（インターンシップや見習い訓練などの就業経験）が整っている。
- 欧米では総合職採用ではなく、職務別の採用である。

この3つのポイントをもとに、日本の就職システムに対して、以下のような改善案が語られる。

①だから日本でも、新卒時点にとらわれず、卒業後にゆっくりと考えられるようにすべきではないか。

②そして、大学の早い段階から、交互教育のチャンスを豊富に用意して、キャリアをよく理解したうえで仕事を選ぶべきではないか。

③さらにいえば、交互教育での出会いから、就業体験先企業に早期に内定していくような、時期にとらわれない通年型採用に移行していくべきではないか。

④新卒採用でも、職務別の雇用形態をとり、「必要なスキル」が明示された形で募集活動が行われるのがよりスムーズだろう。

要約すれば、日本型就職の改善ポイントはこの4点に尽きる。そしてこの4点は、たとえば1994年に上梓された『日本の雇用』（島田晴雄著、ちくま新書）の中にもすでにその要諦が垣間見られるように、実は20年以上も言われ続けてきたことなのだ。

なのに、なぜ、それは未だに結実しないのか。

その理由は、前提としている「欧米型入職システム」が、それほど都合のよいものではないから、なのだ。

ここでは、理想とされる欧米型入職の現実を探る。

§1　欧米型では未経験者の大量採用はない

職務別採用の厳しさ

そもそも、「新卒という未経験者の大量一括採用」は世界でも類例が少ない。2章§1で書いた通り、企業に人事権がない欧米型では、空席を末端に寄せることができないからだ。

欧米の場合は、どのような入職経路となるのか。

まず、欧米の職務別採用の基本となる考え方から見ておこう。

最初に、「職務別採用」と「職種別採用」を混同しがちだが、これは似て非なるものだ。職種とはカテゴリーを指し、営業・経理・人事・総務……という分類となる。一方で、職務とは、その当人に割り当てられた仕事内容となり、上記の職種分類よりもより細かなものとなる。たとえば、経理の中には、財務会計も管理会計も債権管理も存在する。さらにその中が、アシスタントレベルの仕事、通常事務レベルの仕事、リーダーレベルの仕事、統括管理レベルの仕事、と難易度により職務が分かれる。

図表⑱　空いているポストに対して採用を行う欧米の採用

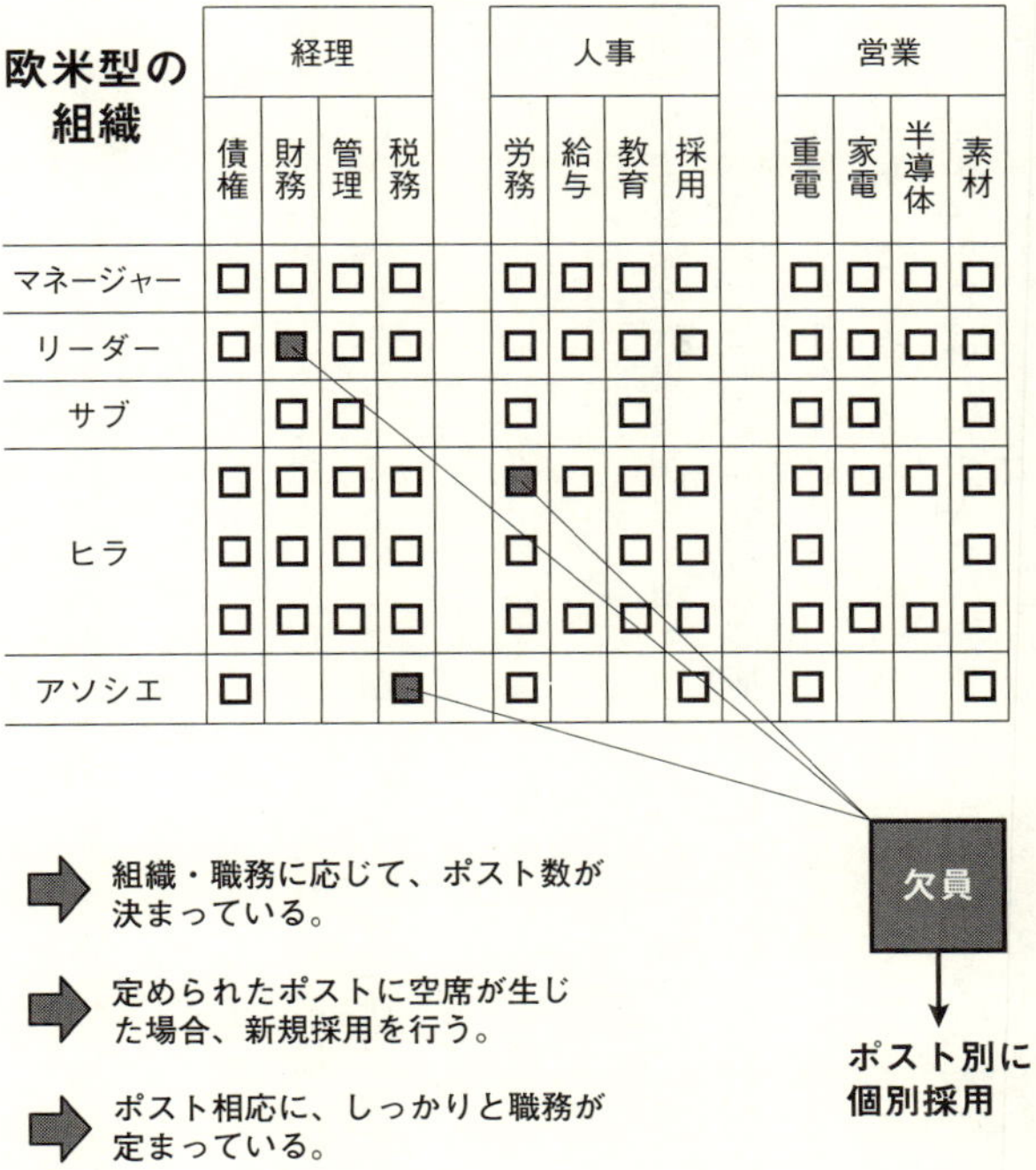

■ポスト別採用の欧米では、空きポストに応じて「その仕事ができる人」を採用する。

■新卒の場合、「ポスト相応の仕事」ができないため、基本は、採用されない。

(不人気企業のアソシエなどは熟練者の応募が少ないために登用されることもある。これをエントリーレベル採用という)

こうして細分化された職務毎に、欧米では人が割り当てられて、仕事をすることになる。そして、そのどこかで退職や異動が起きると、職務にぽっかり空席ができる。そこで、その仕事ができる人を、公募する。これが、採用の基本メカニズムとなる（**図表⑱**）。

企業が経営活動を続けていると、退職や異動によるポストの空席は随時生まれる。だから、採用も随時行う。そのため、通年採用という仕組みが普通になる。

空席には、当然、そのポストの仕事ができる人しか採用されない。欧米型職務別採用はこれが基本になる。つまり、まっさらな素人は就業できないのだ（「職務別採用」と混同しがちな「職種別採用」の問題点については、206ページを参照）。

職務別×未経験の欧米事例　①超エリートの青田買い

それでは、欧米には、未経験者の一括受け入れという仕組みはないのか？

欧米企業も、トレーニー採用とエントリーレベル採用という2つの入口を設けて未経験者を受け入れてはいる。この2つについて、説明していくことにしよう。

トレーニー採用とは、希少人材に対する青田買いシステムと考えるとわかりやすい。この手法を取り入れるのは超大手企業がメインとなり、対象の学生には、エンジニア、財務や金融職などのスペシャリスト、MBA（経営学修士）取得などの経営管理層などがあげられる。欧州ではグランゼコール（大学より難しいフランスのエリート養成機関）に代表されるような少数精鋭のトップエリート校出身者が、米国でも有名ビジネススクールやトップ大学の成績優秀者が対象となる。受け入れ人数も、欧州だと100名を超えるような企業も見られるが、米国の場合は「リーダーシッププログラム（LP）」と名を変え、10〜20名ほどの少数採用となる。

この採用では、はっきり決められたポストをあてがわれるのではなく、1〜2年程度、訓練生として社内のいろいろなポジションで仕事をすることになる。そうして、仕事を覚え、また、自分の人柄や能力を周囲に知ってもらう。この期間中に空きポストが出れば、自ら応募する。そこで任用されると正式な「入社」となる。

つまりトレーニー時点ではまだ本採用ではないのだ。ちなみに原則として、欧州企業の場合は入社までの間を試用期間（米国企業は有期契約）としているので、能力不足の場合、雇用終了となるケースもある。実力主義が徹底している米国の場合だと、ポストが空かない、ポストに不適合という理由で、こうした精鋭予備軍の半数がここで雇用終了になるという（4章中島氏×牛島氏対談を参照）。

職務別×未経験の欧米事例　②不人気・低待遇求人

もう1つの未経験者受け入れであるエントリーレベル採用は、まったく様相が異なる。こちらは、組織の最末端の比較的簡単な職務ポジションの空きを埋めるための採用だ。欧米でも、人員の流出が多い企業や成長著しい企業、不人気職務などでは、組織末端に欠員が大量に発生することになるので、こうしたポジションを常時公募し続けることになる。

ここには新卒だけでなく、社会人も応募可能だが、給与待遇レベル、職務内容などからそれほど熟達者は応募しない。結果、新卒や既卒未就業者の採用割合が高くなる。そう、大量に未経験者を受け入れ、既卒者もOK、なおかつ「職務別」と、これこそ日本型就職のよき部分を残したまま、欧米の「あるべき姿」をドッキングさせた理想の入職スタイルといえそうだ。

ただし、この対象求人は、店舗販売、コミッション（歩合制）営業、フィールドサービスなどが主であり、人気企業の採用でもたとえば「機種管理とオペレータ（ATT）」といった応募者が集まらず、定着も芳しくない職務が多くなっている（唯一、コンサルティングファームのアソシエが人気職での例外的な大量採用）。逆に言うと、不動産営業や携帯電話ショップ、飲食店、コールセンター、カスタマーサポートの特定派遣など同様な分野でなら日本でも既卒・新卒かかわらず未経験受け入れが通年的に行われている。その点では変わらないだろう。

要は、「欠員が埋まらない」不人気企業・不人気職務は洋の東西問わずこの方式で常時未経験者を受け入れるだけの話だ。とすると、これが日本の就活全体の「あるべき姿」には直結しないだろう。

§2　職務に就くためにはハードボイルドな修業が必要

中途採用で社会人と争うために腕を磨く＝インターンシップ

さて、欧米では職務別個別採用が主体で、その仕事が明日からできる人を選ぶとすると、では、学生たちはどのように「腕を磨いて」即戦力となるのか。

そのために交互教育（企業実習）があるといえるだろう。

交互教育は、大きく3つに分かれる。1つが、教育機関の授業の中での企業実習（コオ

図表⑲　1回当たりの実習期間（フランス）

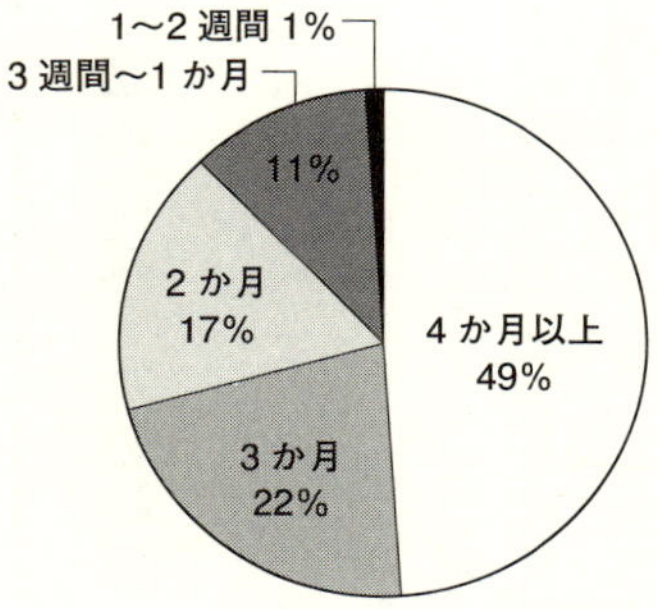

Le Journal du Management より

プ・コーポラティブ・エデュケーション）。2つ目が学生個人による企業実習（インターンシップ）。そして、公的機関による企業実習（見習い訓練）。米国の場合は前二者が主であり、欧州の場合はすべてがそろっている国が多い。

一人前になるために4か月×3企業も普通

社会人相応に腕を磨くことがその目的となるから、日本のように「長くて1か月」という実習とは全く異なる。基本は、長期の実習となる。**図表⑲**は、フランスの企業に実習期間を問うたものだ。驚くことに一番多いのが「4か月以上」で49%と約半数。続いて3か月が22%でここまでで70%を超える。続いて2か月が17%。2か月以上がトータルで88%にもなる。夏休みよりも長いのが、向こうのインターンシップのごく普通な姿なのだ。

さらに驚くのは、こうした長期インターンシップをフランスの学生は何回も受ける（**図表⑳**）。グランゼコールでは回数が特に多いが、一般大学の学生でも4回以上が25%、3

図表⑳　企業実習を受ける回数（フランス）

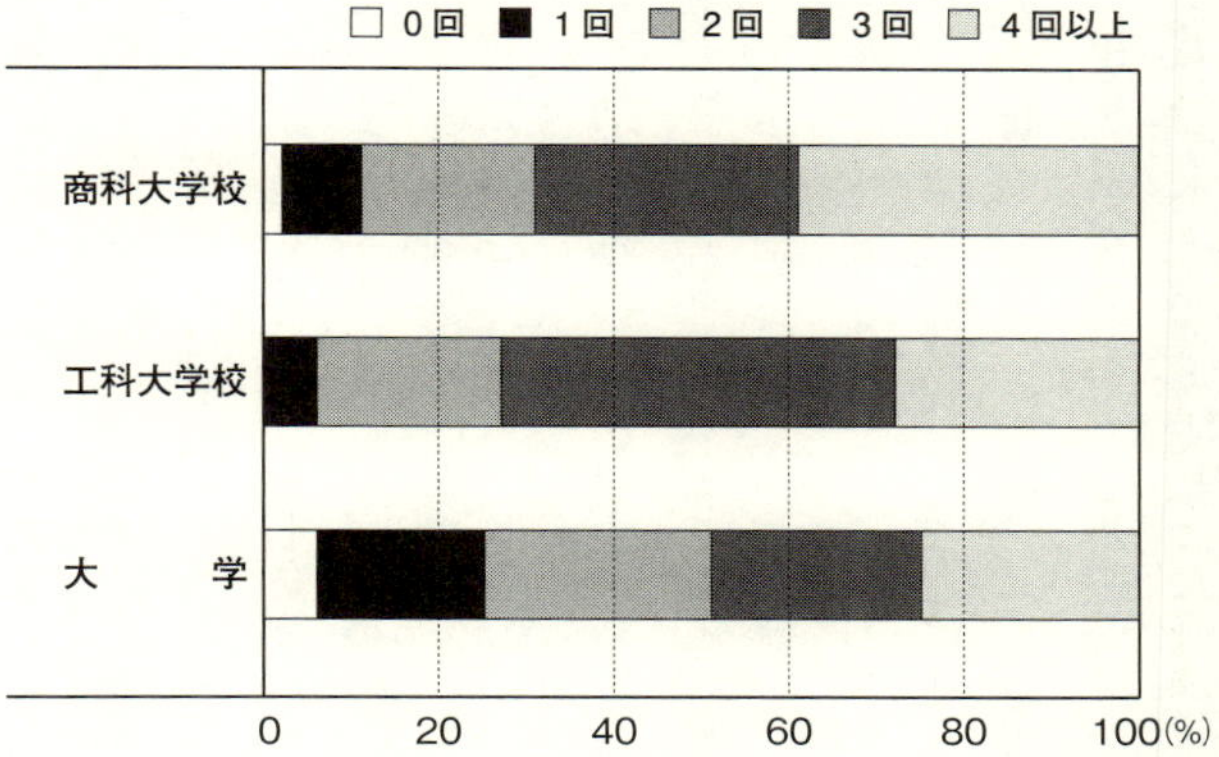

APEC（2016a）

回が24％、2回が26％と複数回経験者が8割近くにもなる。つまり2か月以上もの企業実習を複数回が当たり前といえるだろう。

なお、こうしたインターンシップでも習熟が積めなかった学生は、見習い訓練を受けることになる。

仕事を覚えるためには、それくらいのハードな実習が必要で、職務別採用の世界で職にありつくためには、こうした下積みが必要となる。日本のように、1週間程度のなんちゃってインターンシップで事足りるのは、その前提に未経験者を採用するという、新卒採用慣行があることに気づいてほしい。

究極の青田買いとしてのエリートインターンシップ

では、欧米企業はなぜこんなに長期間、実習生を受け入れるのか。

「欧米では企業が社会責任を重視する」から、なんてキレイごとでは語れない厳しい現実がある。2つの大きな実利目的が存在するから実習生を受け入れるのだ。

その1つが「希少人材の早期獲得（青田買い）」だ。詳しく説明することにしよう。

以下、職務別雇用が徹底されている典型である、フランスを例にとって考えていこう。

たとえばフランスの場合、企業は総人件費の0・5%を「見習い訓練税」として納付しなければならない。この税金をもとに、政府は見習い訓練など、若年雇用対策を行う。

ただし、この税には複数の支払い経路があり、企業は自社に有利なそれを選択できる。

そこで、大手企業の多くが選ぶのが、地方毎の商工会議所が母体となる受け皿機関に見習い訓練税を支払う方法だ。こうした商工会議所が一方では名門グランゼコールを運営しており、支払った訓練税は、そこに通う学生たちへの、自社研修付き奨学金（アプロンティサージュ型インターンシップ）として活用される。

結果、有名グランゼコール生を2年次から自社にて囲いこむことが可能になる。その際の学費はすべて企業の支払った訓練税で賄われ、そのほかに、企業は生活費相当の実習手当まで支払う。

恐ろしいほどのインターン格差

ちなみに、フランスのグランゼコールの学費は日本円にして年間400万円程度が相場だ。これに実習手当も含めると企業負担は500万円に迫る。そこまでしても採る。それが希少人材の青田買いなのであり、そしてこれは究極の「内定拘束」にもなる。アプロンティサージュは1～2年にも及ぶのだ。その間、他の会社で企業実習を受けることなどできないのだから、自社への入社確率が高まる。

上位グランゼコール学生ともなると、完全な売り手市場で、こうしたアプロンティサージュ経由で学生にアプローチできなかった企業は、通常のインターンシップ（フランスではスタージュという）にて再アタックをかける。その実情を、私が編集長を務める雑誌「HRmics」の21号より、抜粋してみる。

フランスの商業系グランゼコールで3位と位置付けられるエセック校の例で見てみよう。

「このスタージュは、アプロンティサージュのように学生の学費までを企業が負担したりはしないが、（中略）時給で20～30ユーロ（編注、1ユーロ120円で「2400～

3600円」程度）にはなる。（中略）それでもスタージュの申し込みは年間1万5000件もある。1学年400人（編注、3年次の編入前）からすれば、完全な売り手市場だ」（大森順子氏／エセック経済商科大学院大学日本連絡事務所代表）

ちなみにエセック校はフランスで商業系3位と書いたが、1学年の人数は約600名。ただ、途中編入が200名を超える（彼らは本物のエリート扱いされない）ので、1年から通しでの在籍者はたった400名である。日本の上位私立大学のように学年定員が万に迫るような世界とは異なる、超精鋭なのだ。

エリート予備軍にはここまでの「青田買い」が行われている。「欧米ではインターンシップが普及している」という時に語られる一方の世界は、こんなものなのだ。

一方では非正規代用のブラック・インターンシップ

欧州ではなぜインターンシップが普及しているのか。もう一方の理由を書いておこう。前述の年間約500万円ももらえるアプロンティサージュ型インターンシップは、ごく一部のエリート候補向けのものだ。普通の大学生を企業が実習生で雇う理由はまったく別物となる。それは、「偽装雇用（emploi déguisé）」とフランス語で呼ばれている。フランスの若年雇用に詳しい五十畑浩平准教授（名城大学経営学部）はこう説明している。

「企業研修は、本来の教育活動としての意義が希薄になる、あるいは欠如することで、雇用形態のひとつとして機能することとなる。企業にとってみれば、有期雇用などの非正規雇用に次ぐ不安定雇用のひとつとしてみなされるようになり、労働市場にとってみれば、雇用の調整弁としての機能を果たすことになる[1]」

欧州の場合、非正規雇用は、期間限定事業やトライアル（試行）事業、産休代替などに限定しており、それ以外の通常事業では禁止している国が多い。つまり、原則としては非正規雇用ができない。そこで、インターン生が非正規雇用の代替として使われているのだ。

フランスの公的資料から、その状況を探ってみよう。

「私は、ジュネーブにある国連人権高等弁務官事務所で3か月の研修を受入れた。無報酬であることははっきりしていたが、研修にかかる費用は知る由もなかった。もちろん旅費、滞在費、食費、交通費などすべての費用が自己負担であった。〔中略〕ジュネーブの物価は高いため、すぐに銀行口座の残金がゼロになった。〔中略〕この研修は自分にとって有意義なものになるであろう、すぐにいい仕事が見つかるであろうと確信していた私は、研修を継続するため借金をし、継続更新をした。6か月の研修の末、丁重に感謝された。

〔中略〕現在私は失業状態で、一時的な仕事を掛け持ちしている。専門分野での経験が十分ないため、私の資格の水準にあった職は見つからない(2)」

「私は、SMIC（編注、法定最低賃金）の30％分が支給される修了時研修（Bac＋5国際貿易専攻）を終えたばかりだ。〔中略〕研修生がいなければ、その部署は機能しない。プロジェクトリーダーは、あまりにも多くの仕事を抱え、その部下も仕事で手一杯である。研修生は、したがって、アシスタントとプロジェクトリーダーの仕事を引き受けることになる。5か月の研修で、超過勤務は100時間ぐらい溜まった。ただ6月にカウンターがゼロに戻ったから、少なくとも150時間は超えている。就業時間ですか？　それは、8時45分から、18時30分まで。時々、19時15分になる。単純に、研修生には、労働短縮の権利や、ヴァカンスの権利がないからだ。それに、私たちは、アシスタントよりもはるかに重く、プロジェクトリーダーと同等の責任をもたされている(3)」

「私は、正規ポストを任され、サービスの新規開発に参加していた。そこでは、従業員よりも研修生のほうが多かった。しかし、職務経験を積んでおきたかった(4)」

「うちの制作会社では、あるケーブルテレビの仕事を請け負っているが、15人の従業員に対し私たち研修生は10人いる(5)」

注（1）フランスにおける企業研修（stage en entreprise）の生成と発展―フランス社会への浸透とインパクト（110ページより）五十畑浩平（引用は孫引き、以下同）
注（2）Génération Précaire（2006）, pp.71–72
注（3）Génération Précaire（2006）, pp.99–100
注（4）Le Figaro, 2 mai 2006
注（5）Le Monde, 1er décembre 2005

「搾取」と答えた人43・5％

実際に、彼らの賃金はどのくらいだったのだろうか。

2006年当時のデータを引いてみると、無報酬が51・7％、続いて当時の月額最低賃金の3割に当たる365ユーロ未満が21・5％、365ユーロきっかりが6％。ここまででほぼ8割となる（**図表㉑**）。この額を超えると、企業は社会保険料負担が義務化されるので、極力この範囲で賃金を抑えようとしているのが見て取れる。

一方で、最低賃金を超える人が3・9％。前出のグランゼコール在籍のエリート予備軍がここに入るのだろう。報酬レベルについての感想は、「搾取」と受け止める人が43・

図表㉑　実習期間の月額賃金（フランス）

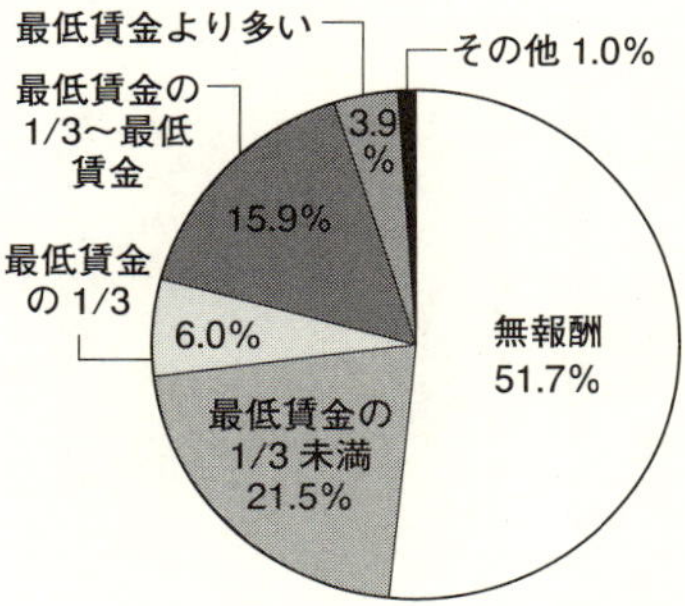

AFJ ホームページ（2006）より

図表㉒　賃金レベル（フランス）

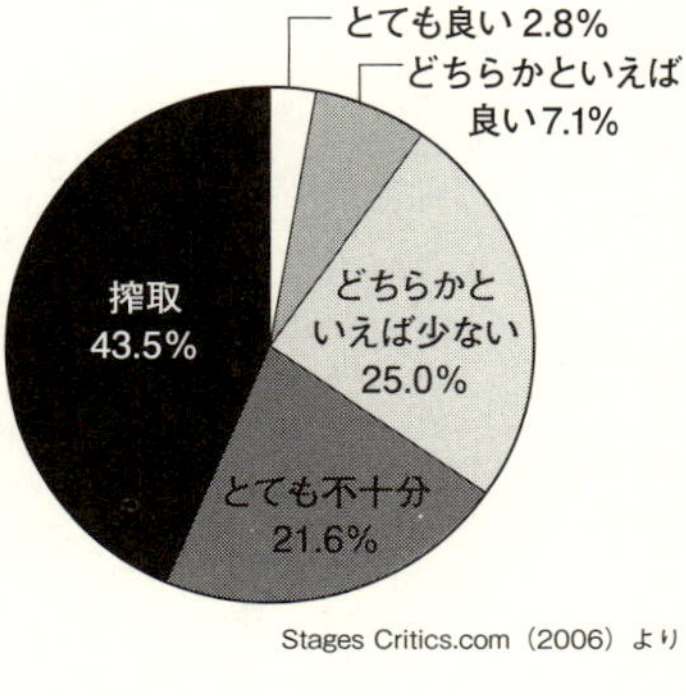

Stages Critics.com（2006）より

5％であり、「とても不十分」（21・6％）と合わせて7割弱。一方「とても良い」が2・8％ほどいるが、やはり、これもグランゼコール在籍のエリート予備軍と考えられる（図表㉒）。

ここにも、ほんの一部のエリートのみが厚遇される階層構造が見て取れるだろう。

デモ、ストライキ……それでも、最低賃金の3分の1しか払われない

こうした状態への不満が爆発したのが2005年10月4日、パリで起きたインターン生によるデモだ。11月1日には一斉ストライキも起き、その後も継続的な活動で1万5000名の署名が集まり、翌2006年4月13日に現状改善の請願書が首相に提出される。そこから3年半をかけ、インターンシップ改革が進みはしたが、それでも、2か月を超える実習の月額報酬は、法律で定められる最低賃金の3分の1以上にとどまっている。月額400ユーロ程度で日本円なら5万円に満たない。

ちなみに法律では3分の1以上なのだから、これ以上出しても良いのに、なぜ、この額にとどまるか。理由は簡単だ。3分の1を超過した瞬間に今度は法律で「社会保険料」が課されるからなのだ。企業はこれを払いたくない。だから多くのインターン生の給料は最低賃金の3分の1でぴたりと固定される。当然、それは「無保険」状態となる。日本では、あの生易しいインターンシップでさえ労災保険を適用すべきと、企業側と大学側が配慮を重ねている。そのさまとは好対照だろう。

そう、欧州のインターンシップは、企業にとって使い勝手の良い雇用調整弁という側面がある。だから企業はインターン生を重用する。あちらの国でも、決して社会貢献や企業の社会責任のみで受け入れているわけではない。

計画性も職務定義もない日本以上の無限定労働

さて、企業実習ではどのように職業教育がなされるのか。前出のインターン生たちの発言からも、計画性や教育性があるというよりも、どちらかといえば、無茶ぶりと思われる実態が推測されるが、独自にフランスでインターン経験をした人にインタビューを試みた。現在、フランス系製薬会社の日本支社に勤務している伊藤ロマン氏だ。

伊藤氏が通っていたのはフランス北東部のリールにあるＥＤＨＥＣ（エデック）という商業系のグランゼコール。商業系のグランゼコールは約２００校あり、上からランク付けされている。１位がパリにあるＨＥＣ、２位が同じくパリにあるＥＳＣＰ、３位もパリのＥＳＳＥＣ（前出のエセック校）、４位がリヨンにあるＥＭ Ｌｙｏｎ、そして５位に位置するのが、ロマン氏が在籍したエデックだ。彼のインターン経験は以下の通りとなる。

「私がインターンシップをやらせてもらったのがパリにあったヴァレオという自動車部品メーカーの本社オフィスでした。期間は９か月で、月給１１００ユーロ（編注、最低賃金未満であり上位グランゼコール生としては低額）でした。なぜそこを選んだかというと、希望する人事でのインターンシップだったからです。

そこでは2つの仕事を担当しました。

1つはインターン生とCFAと呼ばれる見習い訓練生の採用管理です。たった2週間、前任者と一緒に仕事をやっただけで、いきなり1次面接から採用契約の締結、職務記述書のフォーマットの作成までやらされて大変でした。因みにその2週間だけ一緒した前任者もインターンシップ生でした。eラーニングもありましたが、見よう見まねで実地で憶えるしかありません。

さらにもう1つがもっと大変な仕事でした。社員100名のボーナス管理です。こんな重要な仕事をインターン生にやらせるなんて、と思いましたが、いい経験になるから、と頑張りました。毎朝9時半に出社し、5時、6時まで仕事です。残業はあまりありませんでした。

ところが恐れていた日がやってきました。海外輸出部の女性ディレクターが帳簿を手に部屋に怒鳴りこんできたのです。『この計算やったの誰？』小さな声で『私です』と手を挙げたところ、こっぴどく怒られました。

グランゼコールは入試が厳しく、入るための勉強が大変ですが、入学後の授業は楽なものです。それよりも、こんなインターンシップで無茶ぶりをこなすことで、今度は心も実務力も鍛えられます。グランゼコール生が社会的にエリートと目されるのは、こんな風に、受験勉強や実習で大変な環境を何度も乗り越えているからでしょう」

教育とはいいがたい内情がよくわかるだろう。ちなみに、インターンシップよりも透明度が高く、カリキュラム設計もしっかりしているといわれるＣＦＡでも、終了後アンケートでは、64・2％が職業教育を受けていないと答えている（フランス国民教育省ＨＰより）。この仕組みへの否定的意見としても、「組織立っていない」「職業教育の不足」が上位に入り、そして不平の一番はやはり「給与が安い」こと（Bellamyu〈2002〉）。

そう、「インターンシップよりは安全」といわれるＣＦＡでさえ、1年目の報酬基準は最低時給の53％であり、3年目でも最低時給の78％にしかならない（フランス国民教育省ＨＰより）。この時給に平均的な年間労働時間を乗じて年収レベルを試算すると1年目が80万円弱、3年目が１２０万円強となる。[6] 日本の大卒初任給よりはるかに低く、高卒初任給と比しても、まだ相当低い。非正規労働者の報酬にさえ到底及ばない水準で見習い訓練は続けられている。それでもフランスでは、かなりの人数の大学生が、ＣＦＡで見習い訓練を受けるという。

こうした現実が日本では語られていない。

注（6）年間1400時間労働、最低時給9€、1ユーロ120円で試算。

§3　横にも上にも行けない「籠の鳥」

欧州企業がスキルで採否を決められる理由

日本と欧米、とりわけ欧州を比べた時に、産業と教育の接合に大きな違いがあることは、すでによく知られている。その違いを、ものすごく単純化して語るならば、以下のようになるだろう。

・日本の産業界は、職業教育は会社に入ってから自社で行う。それを教育界には求めない。企業が採用時に気にするのは、出身校の偏差値であり、あとは、本人のキャラクターや基礎能力となる。

・欧州の産業界は、職業教育されて実務能力のある人を雇う。だから、教育界に職業教育を求める。それぞれの仕事ができる・できないが、採用の基準となる。

この両者を比べれば、明らかに欧州の方が合理性が高く、労働者や学生も何を身につければ採用されるか明確にわかる。

こんな非合理的な日本社会でも、好景気なら多くの学生たちが卒業時点で職を見つけることができた。だから社会的にも不満はそれほど噴出しない。ところが、不況になると、大卒でも正社員就職が厳しくなる。だから不況のたびに「この不透明な採用基準をただし、学生の間に身につけるべき職業能力を明らかにし、在学中に訓練すべき」という意見が勢いを増すことになる。

ここまでは、論理的には何の不整合もない。ところが、現実にそんな仕組みを取り入れたとき、日本社会には大きな混乱が生じることになる。

その理由を社会構造の違いから説明していくことにしよう。

「事務は入口」の日本、「事務を一生」の欧州

たとえば、今、ここにいる学生が「経理事務」として、伝票処理や仕訳が万能にできるとする。その学生を採用する企業はどんなことを考えているか。

日本の企業ならあくまでも「事務は入口であり、数年したら、決算業務をリードする人物になり、その後、税務や管理会計も覚え、35歳にもなれば、経営管理業務に携わるように育って欲しい」と思うだろう。

つまり、「経理事務」は、あくまでもキャリアの入口であって、それが上手い下手よりも、将来、決算→税務→管理会計→経営管理と階段を上っていけるような「人間性」の方が採用基準として重要になる。

ところが、欧州の場合はそれがまったく異なる。例外的なケースを除けば、事務で入った人は、一生事務をする。だから、入口で「事務力」以外は問われない。それさえできればいい。階段を上らないキャリアだからだ。

それより難易度の高い決算の統括や計数管理については、大学などでその業務を学んだ人が就く。そして、彼らも一生それをする。経営管理に関しては、グランゼコールや大学院などで、それを学んだ人が就く（**図表㉓**）。

こんな形で、学歴と専攻に従って、公的な職業資格（ＲＮＣＰ）が与えられ、それにふさわしい仕事をする。つまり、一生事務のまま、一生決算担当のまま、そんな構造になっているのだ。

図表㉓　欧州と日本のキャリア構造の違い

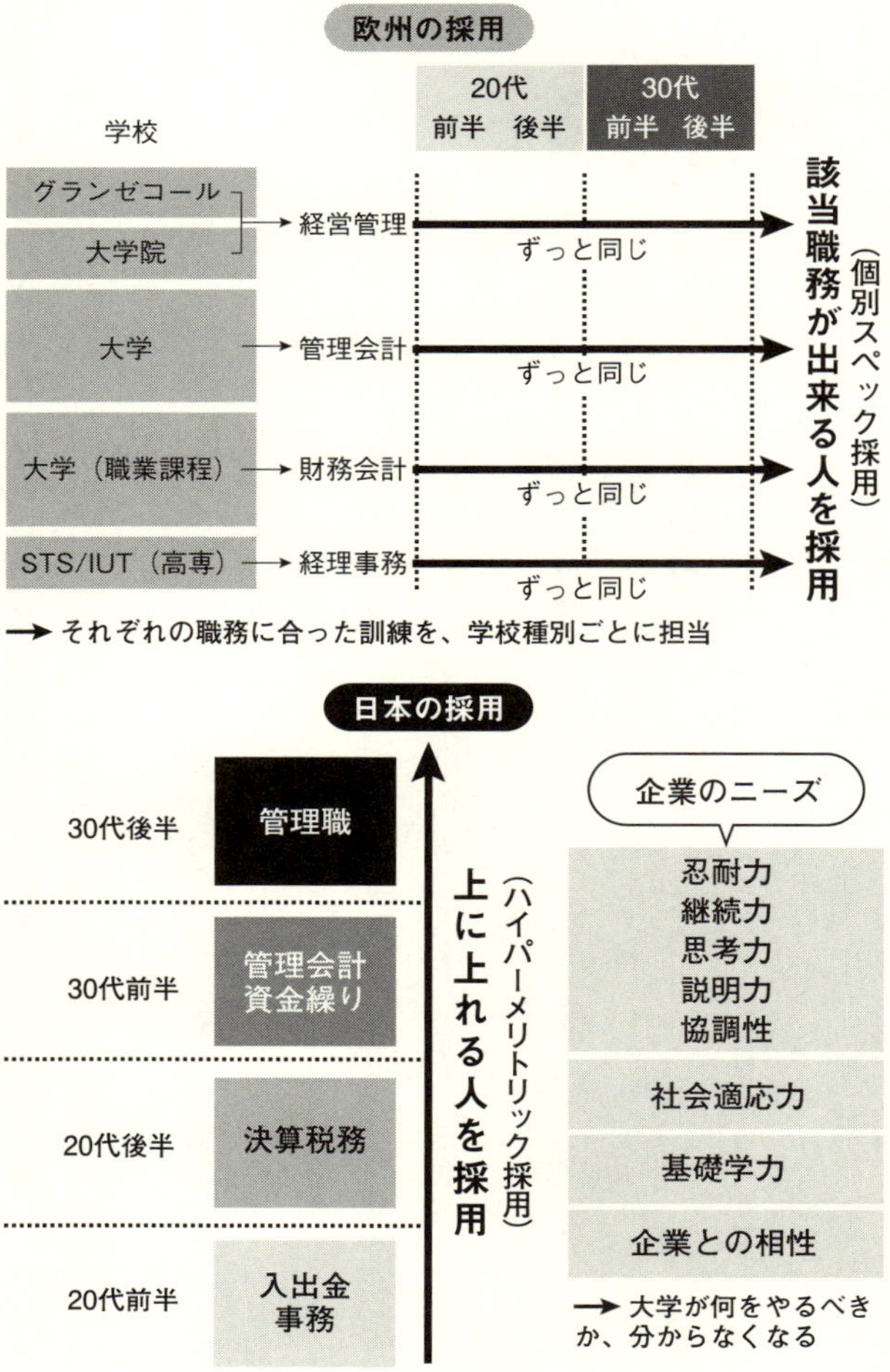

欧州ではどの国にも、この「学歴×職業×資格」という仕組みが存在するが、フランスはとくに細かく区分を設けており、公的な職業資格は8000を超える。学歴と資格に区切られたこの職業体系を同国では「ディプロム」と呼ぶ。

「籠の鳥」「箱の中のネズミ」

この仕組みを話しても、まだ多くの日本人には欧州社会の厳しさが理解できないと思う。たぶん、こんな感じのことを考えるのではないか。

「事務一筋で何十年もやっていたら、凄腕のスペシャリストになり、年収も上がる」

しかし、彼らの年収はほとんど上がらない。同一労働同一賃金が徹底されているからだ。そして、説明したとおり、昇進や昇格も望めない。なぜなら、上のポジションには、ポジション相応の学歴や職業資格が必要となるからだ。だから、彼らは上にも横にも閉じられた「箱」の中でキャリアを全うする。そのさまを、彼らは「籠の鳥」「箱の中のネズミ」「おでこにラベルを貼られた人」と自嘲気味に語る。

その様子を示したのが、**図表㉔**となる。これは、フランスの男性フルタイム労働者の年齢別年収を、労働区分ごとにグラフ化したものだ。以下、これについて説明をしていく。

図表㉔　「一生同じ仕事で同じ給与」のフランス

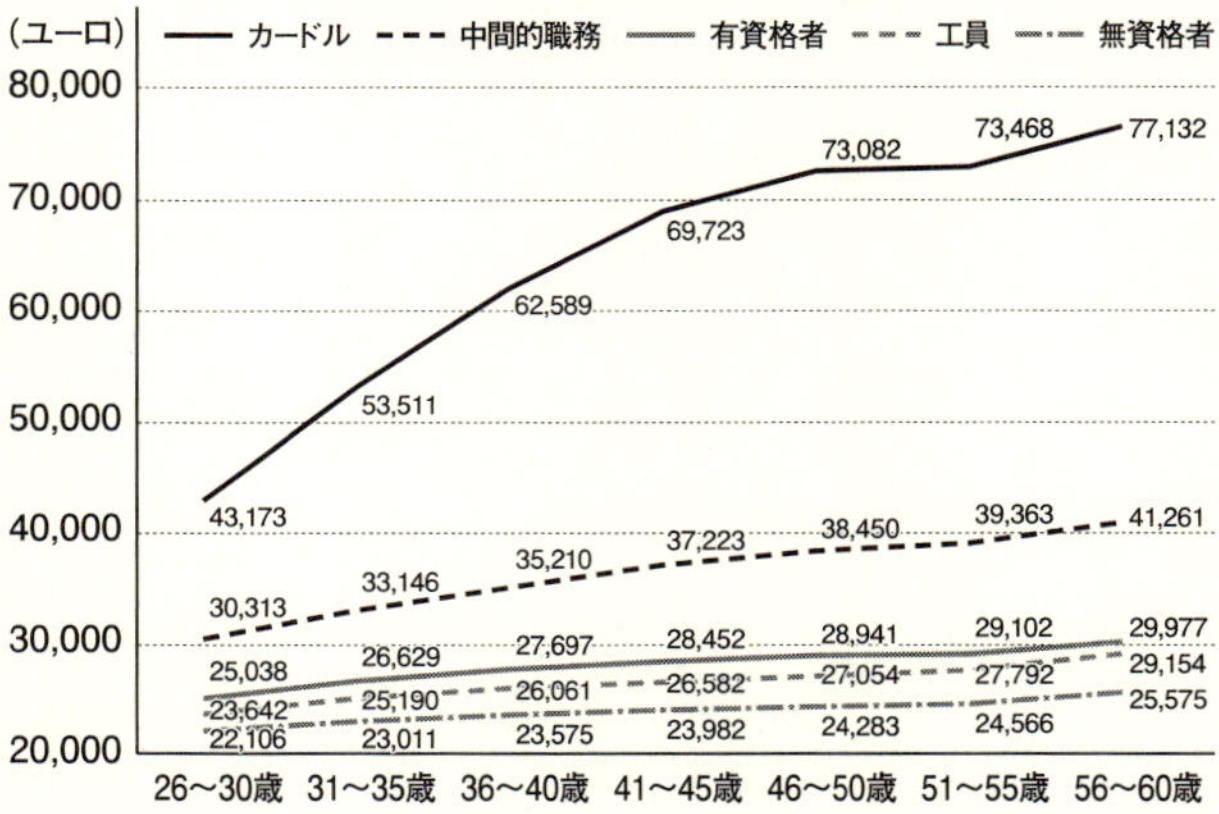

職群×年齢別年収（€）Insee, 2011 Salaire brut en équivalent temps plein（ou brut annuel par année travail）（€）

まず、一番年収が低いのが資格なく働く人たち（無資格者）。彼らの年収は、20代後半で日本円にして凡そ２６０万円であり、それが50歳で３００万円弱となる。その次に低いのが、製造系の資格を持つ人たち（工員）。彼らの年収は20代後半で２８０万円程度であり、50歳の時には３２０万円となる。続いて、事務系や販売、サービス、テクニカルなどの資格を持つ人たち（有資格者）。彼らの年収は製造系よりほんの少々上で、30歳で３００万円、50歳で３５０万円弱となる。ちなみに、ここには、短大や高等専門学校、大学の職業課程などを卒業した人が進む。

さらにその上の「中間的職務」は、20代後半で360万円、50歳だと460万円とそこそこ昇給はしている。こちらは、（職業課程ではない）普通の大学を卒業した人が主流となる。経理の例で言えば、決算や管理会計を担当している人たちだ。

そしてその上の「カードル」は、20代後半510万円、50歳870万円と、飛び抜けて年収が高く、昇給幅も大きい。

ただ、ここまで書いても、「いや、頑張った人は、無資格労働者→資格労働者→中間的職務→カードルと上っていくのではないか」と考える人も多いだろう。なぜなら、日本人は誰でも普通に昇給し、そのうえ、少なくない人が係長→課長と進むからだ。

がしかし、やはり欧州ではそうしたケースは少ない。**図表㉕**を見ればそれがわかるだろう。職群ごとの従事者数を出したものだ。確かに30代前半までは無資格者と有資格者が減り、中間的職務・カードルが増える。しかし、それ以降はほぼ固定化され、構成はほとんどかわらない。日本のように、30代後半から50歳にかけて管理職が急激に増える、ということはない。

「入口時点のスキルで採否を決める」というのは、こういう社会だからこそ可能だと気づいて欲しい。

図表㉕　フランスの職群×年齢別割合（男性フルタイマー）

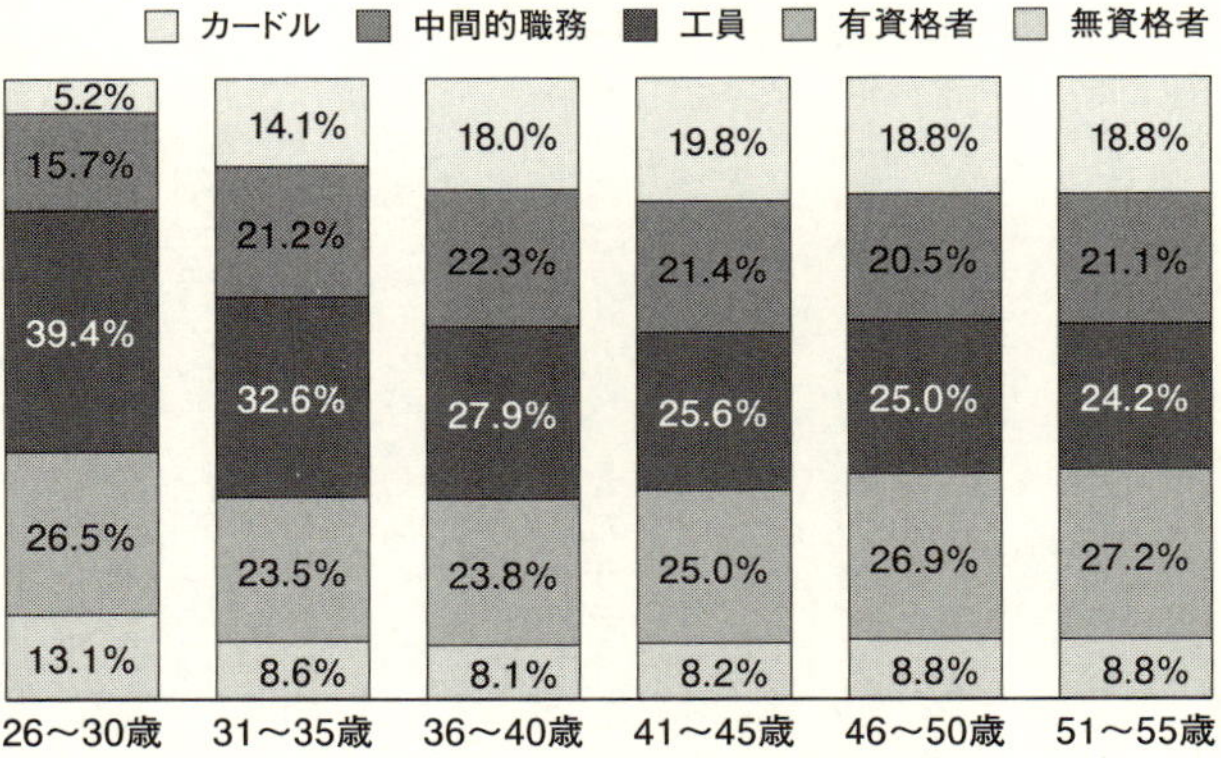

→30歳以降の構成比はほぼ同じで、年功による職群移動が少ない

Insee2011 年調査（N=1,290 万）より

階層を上っていく日本型キャリア

ちなみに、日本の男性フルタイマー社員の年収構造を同じように示したものが**図表㉖**となる。言われるとおり、日本は企業規模による年収の格差が大きい。がしかし、よく見て欲しい。どの企業規模でも、大卒者の場合、無資格者クラスで始まった年収が、30歳までには有資格者並となり、その後も上伸して、最終的には皆「カードル」レンジに到達してしまう。欧州と比すれば、「階層を上りつめる」キャリアといえよう。

　このキャリア構造の違いが、日本社会では、働く人にも使用者にも心の中にインプットされている。平たく言えば、こんな感

図表㉖　日本の年収体系とフランスの比較

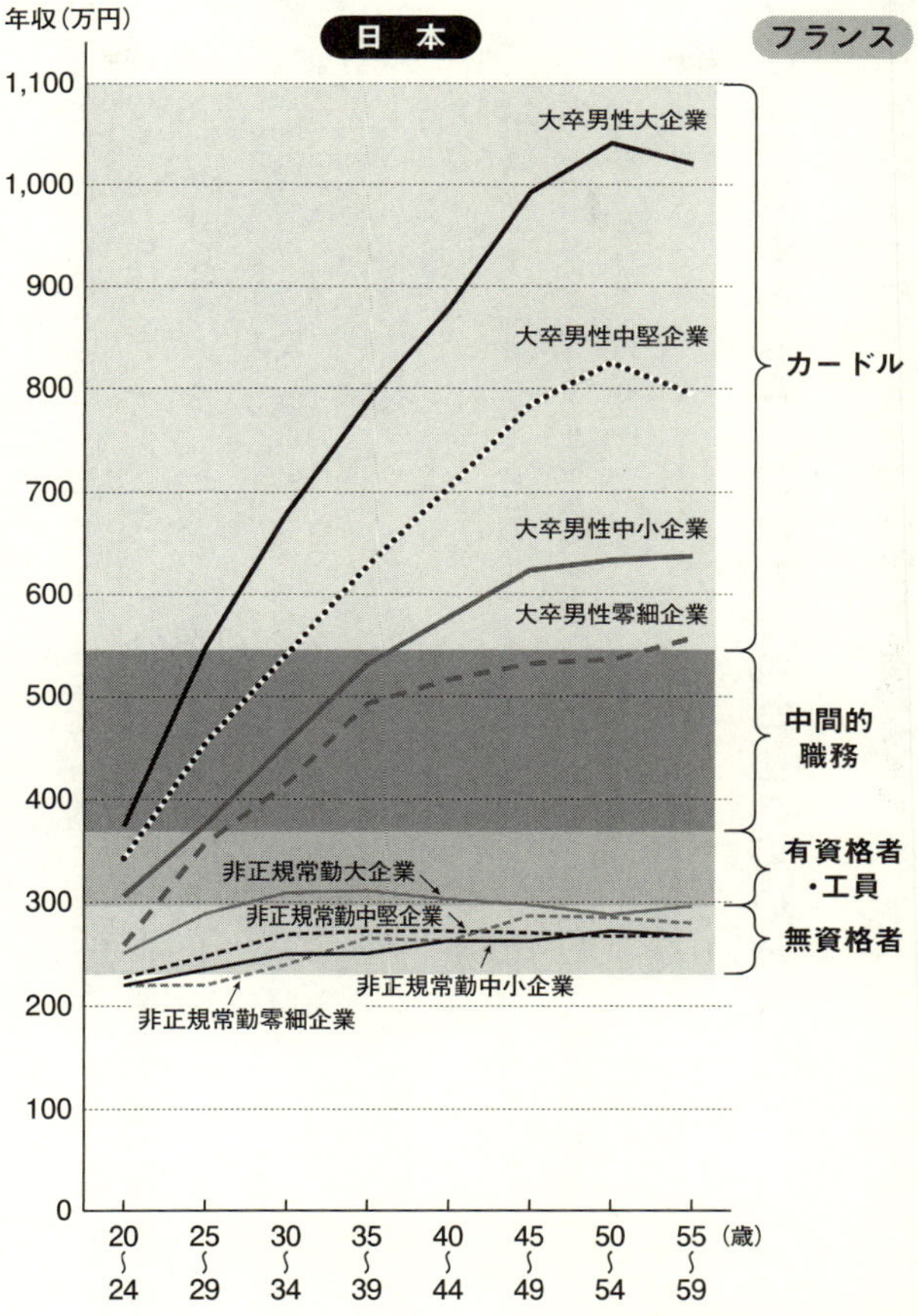

「賃金構造基本統計調査」（2015）より

じだ。

「給与は上がって当たり前。役職は上がって当たり前」（働く人）

「入った時と同じ仕事をしてもらっていては困る。経験相応に難易度は上げる」（経営者）

こんな「上がって当たり前」という常識が労使双方にある中で、欧州のように「入口のスキル」では採否は決められない。だから、単純に欧州型職業教育を日本に持ち込むことは難しい。

これが1つ目の結論なのだ。[7]

注（7）ただし、日本の場合、誰もがエリートを目指せる裏返しで、非正規社員にそのしわ寄せが行く構造がある。そして、この非正規の多くが女性という性別格差問題も厳然と存在する。

§4　幼少期から鳥たちは決められた籠へ追い込まれる

職業に直結させるため、冷徹な烙印を押す欧州

欧州で職業と教育が密接に連関できているもう1つの大きな理由を書いておこう。

それは、ある面冷徹とも言えるほどに、「答えを出す」からなのだ。学生たちには、ある年齢になると、その学習状況にしたがって、「あなたはこのコースに進むべき」という半ば強制に近い指導が行われ、その結果、学業に進む人と、相応の職業に進む人に分岐していく。

そうして、職業に進むコースに分かれた先には、職業を訓練する学校が待っている。それは仕事と結びつき、アカデミズムとは一線を画している。そして、コース上の資格を取得して、その仕事に従事することになる。こうしたコース分岐を、フランスを例に見ていこう。

カタカナ語が多くて難しいと感じる方は、コラムに飛んでいただいても構わない。

義務教育終了1年前に最初の進路決定がある

フランスの義務教育は、6歳から16歳までの10年間である。最初の5年間をエコール・プリメール（小学校）、次の4年間をコレージュ（中学校）で過ごした後、リセ（高校）に進む。学業不振の生徒は小学校から留年もさせられるが、スムーズにいけば、就学10年目にはリセ・職業リセの第1学年で過ごすことになる。

15歳のコレージュ最後の年に、最初の進路選択がある。これは、試験ではなく、コレージュ4年間の、教師による観察と進路指導の結果、生徒は後期中等教育の諸学校に振り分けられる（**図表㉗**）。

選択肢は6つある。まずは国民教育省が所管する3年制の①普通・技術総合リセである。同じく国民教育省が所管する2年制（現在は3年制が主）の②職業リセ、農業省所管の3年制の③農業リセ、2年制の④農業教育リセもある。さらに企業に就職したうえで、義務教育の補完が受けられるのが国立・私立の⑤見習い技能者養成センターそのほか、⑥各種専門学校がある。

普通・技術総合リセに通った場合に、2年生になる16歳で、再び進路指導が行われる。ここで、普通コースに進める人と、技能コースにまたわかれる。この時点で、普通コースを希望する生徒は多いが、実際には4割程度が技能コースへの道を選ぶことになる。

リセを卒業できたとしても、大学などの高等教育に進むためには、バカロレア（大学入学資格）試験を受け、合格しなければならない。

バカロレアも普通、技能、職業の3つにわかれている。それぞれが、リセの普通コース、技能コース、職業リセと、各コースに対応している。いずれのバカロレアでも試験に合格すれば、タテマエ上は大学入学資格を得ることはできる。ただし、まず1つ目に言えるのは、学業が苦手な生徒が、生半可に普通コースのリセで学んでいた場合、この試験でつまずく。

さらに、普通バカロレアは文学系、経済・社会学系、科学系の3つにわかれ、それぞれその道の大学・学部につながっている。とすると、職業リセや技能コースのリセに通って職業バカロレア、技能バカロレアを取得した学生は、文学系や経済・社会学系、科学系の大学には進むことが難しい。

こんな形で、日本のように、誰でも高校を卒業すればどの大学でも受験できる、という仕組みにはなっていない。

高等教育機関でさえも職業教育コースが上と下に用意される

さて、高等教育に進んでも、フランスのコース別分岐は更に用意されている（図表㉘）。

高等教育機関には、大学のほかに、日本の高専に当たるような、高等技術専門教育を行う機関があり、また、大学よりも難しいエリート養成機関であるグランゼコールがある。

これらをざっと説明していく。

まず、高等技術専門教育は、上級テクニシャン養成課程（STS、高校の専攻科）と技術短期大学（IUT、大学に付設）の2つがあり、いずれも2年制となる。設計工学やITなどの理系ばかりでなく、会計や銀行事務などの専門職務もここで教育を受け、資格を取得することができる。普通リセの技能コースや、職業リセ卒業者が高等教育機関を目指す場合、STSやIUTがその受け皿となるのだ。

一方、最難関のグランゼコールに入るには、厳しい選抜試験が課される。その試験をパスするために、2年間の準備級（プレパ）が高校に付設されている。この準備級で死ぬほど勉強をしたあとに、試験を受けてグランゼコールに入学するコースが一般的だ。つまり、準備級卒業後の20歳でも選抜が起きる。ここで進むグランゼコールも職業エリートの輩出が目的となっている。つまりは、職業コースの1つとも言えるが、こちらは、トップエリート向けの「超優遇された」特別待遇だ。ただし学費は高い。年間授業料は400万円にもなる。裕福な家庭の子息が、準備級で十分に受験対策をして受ける、という代物だ。

お分かりだろうか。

欧州の教育システムは、規定の年齢に達するたびに、コース分岐が起きるという形で、

図表㉗　フランスの教育分岐

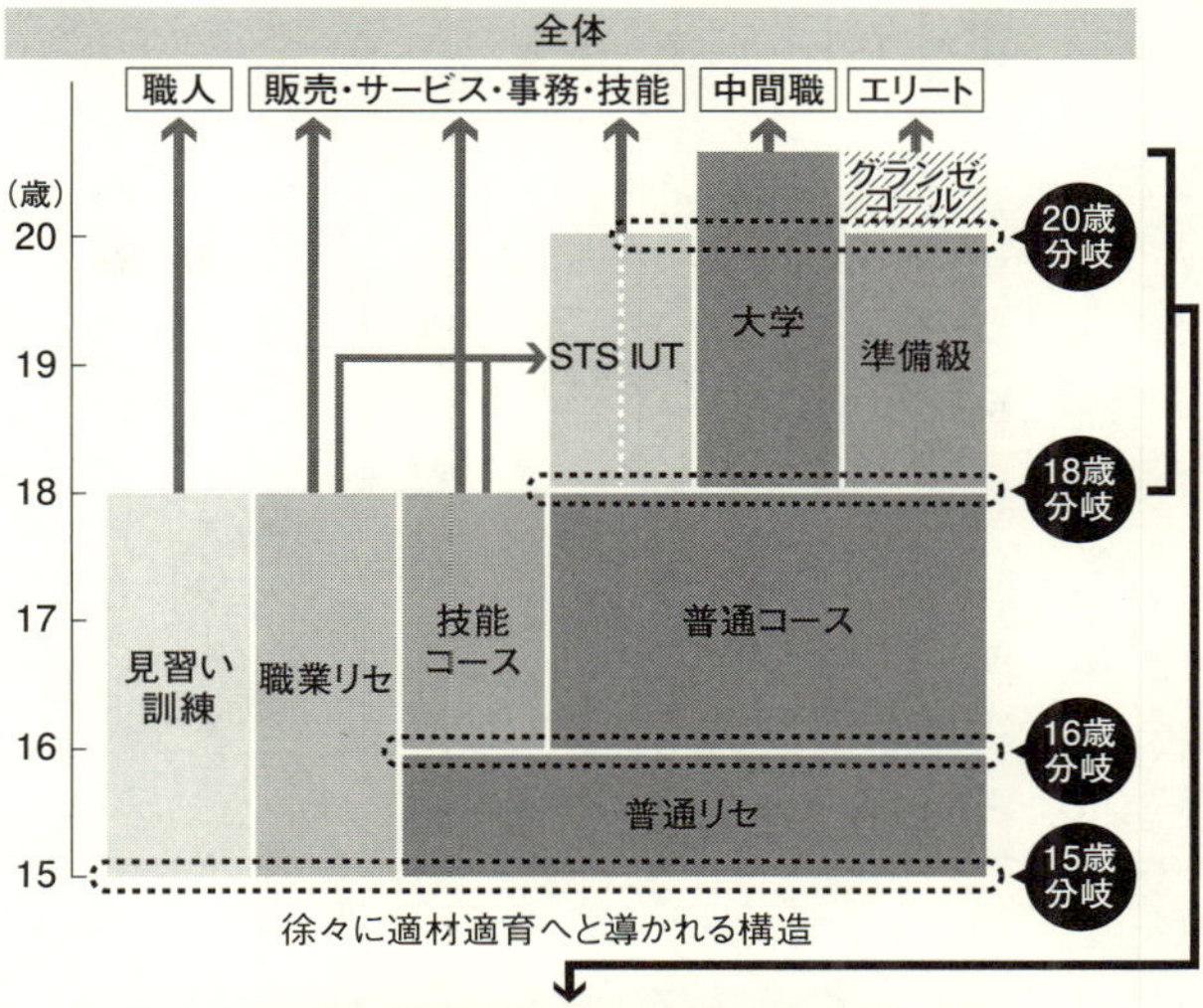

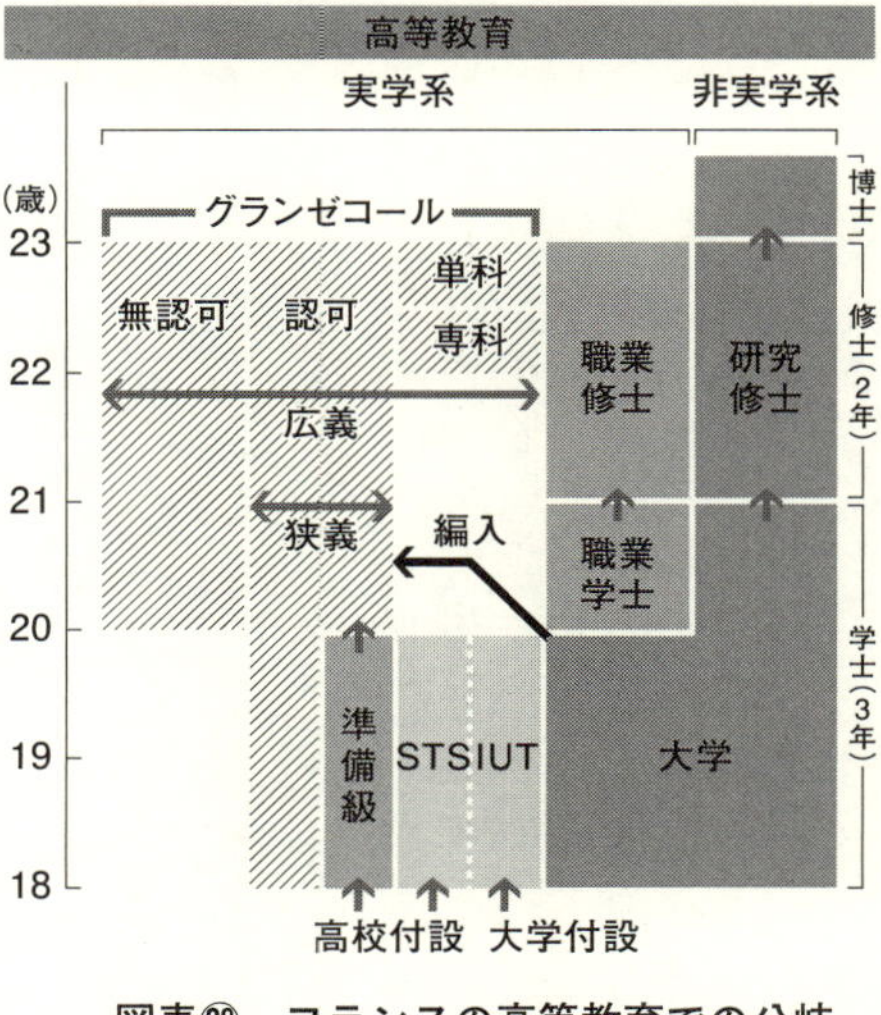

図表㉘　フランスの高等教育での分岐

生徒たちは何度も結論を迫られ、その先の職業コースでは、統合的な学力の養成ではなく、職業に関する教育が行われる。

こうした「冷徹な」仕組みだから、「鳥籠」に収まる形の職業教育が成り立つ。

果たして、日本の企業も学生も、こんな欧州型分岐構造＝階級型社会を望んでいるのか。そして、欧州型の分岐教育しか、混迷の日本型就職を救う手はないのか。

日本型を批判し、欧州型を安易に標榜する前に、そのことをしっかりと考えてほしい。(8)

注（8）参考文献：堀内達夫・佐々木英一・伊藤一雄編『専門高校の国際比較　日欧米の職業教育』（法律文化社）、浅野清編『成熟社会の教育・家族・雇用システム　日仏比較の視点から』（NTT出版）、名古屋大学高等教育研究センター教授・夏目達也氏講演「フランスの社会構造と職業教育の関係」（第20回　HRmics レビュー）

コラム　識者に聞く②　欧州教育のプロの視点

夏目達也氏（名古屋大学　高等教育研究センター　教授）
×
五十畑浩平氏（名城大学　経営学部　准教授）

義務教育でも「落第」あり。10代半ばで人生が決まる厳しさ

――最初に夏目さんに伺います。日本と大きく異なるフランスの教育体系について教えてください。

夏目　フランスには小中学校の義務教育の時から「落第」があります。その学年にふさわしい学力がない生徒はもう一度、やり直さなければなりません。さらに中学を出ると、将来の職業に紐づく形で、進路が細かく分かれます。職業の準備をするコースと、学業を行うコースの分化です。学業コースに進んでも、1年生が終わると、再び学業（普通）コースと技術コースに分かれます。学業コースでも中身が文学系、経済・社会学系、科学系に分かれていく。中学校卒業時、高校1年時とも、成績と日常行動などから、教師や父母・生徒代表等で構成する委員会が勧告します。いずれも希望通りに進めるわけではなく、総合評価による部分がかなりあり

ます。3つのうち、最も難しいのが科学系です。つまり学業系の科学系が最難関コースになり、彼らが主にグランゼコールという最難関学校に進むことになるわけです。

――評価が芳しくないと、そこで分岐して、相応のコースに進むようになっているのですね。たとえば、高校に行けなかった若者はどうするのですか。

夏目　徒弟制の見習い訓練コースに行くケースが多いですね。そこでしっかり勉強すれば、職業資格を取得できます。

「入」は易しく「出」が難しい大学。職業資格を国家が管理

――最終的に大学の進学率は全体の4割程度になっています。その大学にも学業系と職業系があるのでしょうか。

夏目　大学というよりも高等教育機関についてお話しします。高等教育機関には、大学の他に、大学付属の技術短期大学、高校の付属の専攻科、専門学校、エリート中のエリートが学ぶグランゼコールと、多彩なコースがあります。大学の学術系（アカデミックな課程）以外は、特定領域の職業直結の専門教育を行っています。日本では多くの人が大学を目指しますが、フランスはそうではありません。日本のように、専攻領域にかかわらず大卒の肩書きを得れば高卒より就職に有利ということではありません。就職には職業能力が必要な社会だから、どの領域の

どの程度の職業能力を習得しているか＝どのような職業資格をもっているかが問われます。職業能力形成が期待できない大学へ誰もが行くという選択はしないのです。一方、技術短大や高校付属の専攻科（日本の高専レベル）はかなり人気が高い。割合高度な職業資格を取得できるし、卒業後は大卒相当の資格取得の道も開かれているためです。実際、そうした機関の就職率は良いです。

――普通の大学に入ると、そこはどうなのですか。

夏目　普通の大学の中も、日本のようにアカデミックな一般課程と、特定領域の職業を学ぶ職業課程に分かれます。一般課程は全体の7割程度でしょうか。さらに、フランスは学業評価が厳しいため、留年や退学も非常に多いです。正規の期間内に学部を卒業できるのは入学者の約半数となります。

――大学進学が4割で、うち一般課程はその7掛けだから3割程。そのうち半分しか卒業しない。いわゆる日本的な大卒者は、そこまで少ないのですか。その彼らはどのように就職していくのでしょうか。

夏目　まずは教師や各種の公務員になる人、大学院課程に進学して専門教育を学び就職に備える人、一部に研究の道に入る人など、かなり多様です。さらに弁護士・会計士・税理士などの士業を目指す人もいます。

――普通の企業に勤めるという選択はないのですか？

夏目　もちろん企業への就職者も多いです。学生がまだ少なかった時代は公務員志望が多かったのですが、大学をはじめ高等教育に進む人が増えた現在では、とても公務員だけでは職を賄いきれず、普通の企業に入る人は多いです。ただ、その場合、大学の学術コースの履修では、仕事は見つかりにくいのです。経済や文学や法律を学んでも、一般企業の仕事には直結しません。フランスでは大学よりも、一般に就職が有利なグランゼコールを選択する人が多いです。技術短大や大学の職業課程を選択する人も多いです。職業に直結する知識・技能を身に付けた方が、将来が開けると考える人たちです。

経験がないと正社員になれない。インターンシップが盛んな理由

――次に五十畑さんに伺います。それでも実際、フランスで大学の一般課程に行ってしまう人はいますよね。士業も教師も公務員も目指さない場合、どうするのでしょうか。

五十畑　原則として、仕事をこなせるだけの腕や経験がない人は正社員として雇われません。これがフランス社会のルールです。そうなると経験がまったくない若者は困ってしまう。そこで大学を卒業した人が、再度、職業課程に入りなおすというケースも良くあります。その逆に、まず、職業課程で大学を卒業し、その上で、一般課程に入りなおすというケースも少なくあり

ません。

――そうした「学びなおし」をしない人は、いかがでしょう。

五十畑　どうしたら職に就けるのか。まずひとつがインターンシップです。在学中から仕事経験を積んでおくわけです。フランスの学生は数社でインターンを経験し、一般的にはトータルで、1年くらい腕を磨きます。報酬はピンキリですが、多くは最低時給の3分の1程度です。

あるいは、ひとまず非正規の仕事に就き、力をつけて徐々に正社員の地位を獲得していく。これを職業への「段階的参入」と呼んでいます。フランスの大学の卒業生のうち、最初から正社員の仕事に就けるのは3割しかいません。その他は初職が非正規の仕事。ここも日本とは大きな違いです。

また、夏目先生の話にも出てきた、見習い訓練を受けることもあります。こちらも、今では中卒者向けだけでなく、大学卒相応の職務にも対応するコースができています。これを大学在学中に同時並行で受ける人は多いですね。一部、卒業後に受ける人もいますが。もちろん、見習い訓練といっても、大卒相応の仕事ではありますが。内容によって、訓練期間は1年から3年になり、報酬基準は年齢や経過年数によって最低時給の25％から78％になります。

――少数の超エリート、グランゼコールの卒業生はどうでしょう。

五十畑　彼らはまた特別です。その多くが卒業した途端、超大手企業の課長代理や部長代理になりますから、待遇も桁違いです。

——そんな落下傘エリートの存在に対して社会の納得感はあるのでしょうか。

夏目　納得させられる文化があるんです。一握りのエリートと大多数の一般大衆、つまりノンエリートが完全に分かれて暮らしており、互いに没交渉です。それにエリートに求められる業務量や仕事の厳しさ等もあり、エリートをうらやむ気持ちも起きにくいのでしょう。

——インターンシップは大学が世話をしてくれるのですか。

五十畑　大学の職業課程や技術短大では、インターンシップがカリキュラムに組み込まれています。ただ一般課程の学生は一から自分で口を探さなければなりません。そうした意味でも、夏目さんが先ほどおっしゃった通り、仕事を覚えるなら、技術短大や大学の職業課程に行くべき、となるのです。

ちなみに、インターンシップの中身は、時には社員のやりたがらない仕事を押し付けられたりするなど、ハードになることもあり、待遇改善を訴えるデモが多々発生しました。日本のインターンシップとは雲泥《うんでい》の差です。

銀行員が5時からスケボー。ノンエリートは残業しない

——こんな風に見てくると、フランス人はなかなか大変だなあ、と思うんですが。

夏目　エリートの家庭に生まれれば、フランスはいい国でしょう。逆に貧困層の家庭に生まれたら大変です。とくに、移民の家庭は二世、三世でも生活が厳しいでしょう。その間に、普通の人たちがいる。何層かの階層になっているのは確かでしょう。

——フランス人はエリートでない人たちもハッピーなのですか。

夏目　がんばれば何とかなる、エリートの仲間になれるという社会ではありません。人生の早い時期から段階的にエリートコースから除外されており、敗者復活は困難です。出世の見込みなし、給料は低いまま。だから定時で帰り残業はしない、他で人生エンジョイするよ。そういう感じなんです。日本のように就職したら定年までの40年、誰もが毎日長時間労働とは対照的です。あらゆる社会にいい面、悪い面がある。総合的に比較しないと優劣は安易につけられないでしょう。

——誰もが役員になれる夢を見させて、長時間働かせる日本も確かに向こうから見ると異常なんですね。

五十畑　フランスに留学していた時、びっくりしたことがあったんです。仕事が終わった銀行員が夕方の5時からスケボーして遊んでいるんです。彼は銀行では中間的職務についているノンエリートでした。欧州は緯度が高いので夜が長いこともあるんですが、彼らノンエリートは平日の5時から、仕事とは別の自分の世界をきちんと持っているんですよ。

――幸せか不幸せかというのは結局、考え方の問題ですね。

五十畑　そうだと思います。『フランス人は10着しか服を持たない』（ジェニファー・L・スコット著、大和書房）という本が売れていますが、多くのフランス人は本当に質素な暮らしをしているんです。片や日本人は死ぬほど働いて疲れてしまい、それを癒すためにマッサージやエステに通う。それで満足なんですか、ということですよね。

――お2人はこのあたりの事情について、教鞭をとられる日本の大学で話したりするんですか。

五十畑　つい最近、日本の新卒一括採用と、フランスのように非正規から始める段階的参入と、どちらがいいか、学生にアンケートを取ったところ、卒業後でも段階的参入ができるフランスの方がいい、という意見も出ましたが、フランス社会の現実を知った多くの学生は、日本の方がいいという意見になったようです。

――ただ、フランスの段階的参入はほぼノンエリートだから、年収はせいぜい400万～500万円で止まるということを伝えたらどうだったのでしょうか（笑）。

職務限定と資格主義が若者を苦しめる要因か

――最後に、お二人に伺いたいことがあるんです。フランスでは定年が65歳ですが、そこまで働かず早期リタイアする人もいます。何歳で辞めるかは人それぞれですが、合計すれば、必ず

1年分の引退者が相当数出ます。だとすれば、フランス社会でもそうした引退者分の総和だけ、毎年、新しい労働力が必要になるわけですね。なのになぜ、あちらは若者がそこになかなか入れず、若年失業率が日本の3倍にもなるのでしょう。

五十畑　労働法の厳しさが要因でしょう。一旦雇ったらなかなか解雇できないので、企業が採用を尻込みしてしまいます。ましてや、仕事経験のない若者なんて雇いたくない。フランス政府も業を煮やし、解雇しやすくしようと労働法の改正を行おうとしていますが、それに対して当の若者は反対し、大規模なデモまで行うありさまです。

――ただ、そのために職業コースを選ばされて職業訓練を受けたり、大学の一般課程に進んだ人も、インターンシップや見習い訓練で腕を磨いているのでしょう。職業教育が充実しているなら、なぜ、こんな問題が起きるのですか。

夏目　難しい問題ですね。理由の1つは、フランスでは企業内教育が未発達で自ら従業員を教育する慣習がありません。日本では職業能力不十分でも入社後の教育で育てるのに、フランスでは即戦力重視で採用します。そのため、若者も能力獲得が不可欠です。

五十畑　もう1つは、若者が雇用の調整弁として、都合よく使われていることも大きい。インターンシップにしても職業訓練制度にしても、報酬は最低賃金より安いわけだから、企業にとっては、そうした場に来てくれる若者は、経営に不可欠な安価な労働力でもあるんです。フランスではさらに、失業中の若者を職業訓練という名目で雇用し働かせる制度もあります。もちろん、給料は最低賃金を大きく下廻ります。そういうわけで、若者には正社員への道がなかなか開けないのでしょう。

――それでも毎年、1年分の引退者がいて、席は空いているわけですよね。なら新たに雇われる人が必ず1年分出るでしょう。一方日本とてそんなに社内教育など発達はしていないと私は内情をよく知っています。なのになぜ？　そこが雇用システムの差ではないか、と。日本の場合、職務が無限定なので、未経験者が入っても、誰にでもできる相応な仕事が作れる。そうして力がつけば、徐々に難易度の高い仕事にアメーバのように組み替えて、シームレスにスキルアップできる。欧米諸国は職務限定でそれができない。だから敷居が高くなるのではないですか。

夏目　面白いですね。当たっていると思います。欧州は資格社会で、就ける仕事が資格によって厳しく規定されます。その中で狭く深く掘っていくと、一人前のプロになれる。日本は違います。社員になったら、どんな仕事でもやらせます。

五十畑　私もその面は大きいと思いますね。フランスは仕事に人がつくから、その仕事ができない人でないと雇われない。日本は人に仕事がつきますから、初心者でもこなせる仕事が臨機応変につくれる。その違いは大きいでしょう。

4章　進歩的提言の限界

～木に竹を接ぐ改革案は、就職強者の優遇策にしかならない～

前章までで、あれほど多方面から批判が噴出している「日本型雇用」と「新卒一括採用」がなかなか姿を変えない理由がお分かりいただけただろう。

そう、理由としてはまず、日本型雇用は企業の人事管理ツールとしてかなり使い勝手の良いものへと昇華《しようか》している。だから企業はそれを捨てない。

次に、その対案として置かれている欧米型が、見栄えほど現実は甘くないこと。その仕組みにも欠点は多々あり、そうしたマイナス面までついてきてしまうから、日本には移入しづらいのだ。

そしてもう1点。それは日本人と欧米人の考え方の根本的な違い。欧米は「籠の鳥」型社会であり、日本は「上を向いて歩こう」型社会であること。とはいえ、「上を向かない人には地獄」型の非正規差別があり、また「上を向いて歩こう」がもとでブラック労働問題も起きている。だから日本も決して良いことばかりではない。

ただ、この誰もが上を向くことを、労働者・経営者どちらもが「当たり前」と思っている。こうした「心の違い」がある中では、欧米型の「エリートとノンエリートをはっきり分ける」型のキャリア構造は根付かない。

だから、日本型雇用なかんずく新卒採用慣行は変化しないでいる。
ここまでを理解したうえで、今、世間でよく語られる「改革案」というものを精査していくことにしたい。

§1　同友会提言に凝縮される「ありがちな改革案」の問題

第3章の冒頭に表面上の新卒採用改善ポイントとして、「時期の問題」「既卒者対応」「採用基準の明確化」を挙げた。ただ、これはあくまでも表面的な解決策で、ことの本質には迫っていない。この表面上の問題に対して、日本経営者同友会（以下、同友会）は提言として解決策を発表している。少し長いが、これをまずは紹介（原文ママで抜粋）することにしよう（傍線引用者）。

同友会の示す「新卒採用批判」要旨

①現在の新人採用の枠組みは、新規の卒業予定者を対象に、一時期に採用活動を行う新卒

一括採用が主流で、学生にとっては、他に選択肢がない「ワンチャンス就活」となる。
②一度の就職活動で将来が決まる「ワンチャンス就活」の結果、雇用のミスマッチが生じる。わが国の大学卒業後3年以内の離職率は3割と高止まりしているが、この要因には、学生本人が望まない就職によるものも少なくない。
③企業の採用人数は、景気動向に大きく左右される。就職氷河期に新卒で正社員として就職できなかった世代は、その後も非正規雇用のまま固定化する傾向が強く、将来に不安を抱えた生活環境から抜け出せない
④昨今の大学生の就職活動の早期化・長期化は、学生の修学を妨げ、人材育成を阻害する要因となっており、これを緩和すべく採用活動開始時期の見直しが図られたが、すべての企業が一律にスケジュールを遵守することは難しく、更なる混乱を来たしている。
⑤「1dayインターンシップ」という名のもとに、採用に関連した企業説明会が盛んに行われ、一部の企業による学部1、2年生の青田買いも散見される。
⑥海外留学やボランティアを含めて、在学中さらには卒業後の多様な学びを尊重（すべき）。

同友会の示す「対策案」

①「新卒・既卒ワンプール／通年採用」の導入

学部卒業後5年程度の若者を新人として採用対象とすることで、本格的な「新卒・既卒ワンプール／通年採用」に移行していく

②エントリーシートの適切な活用、求める人材像の明確化と発信

企業は採用で求める人材像を明確にしたうえで、募集要項の中で具体的に必要な能力を、語学力、資格、成績水準、インターンシップ経験等、応募条件として明記すべきである。

③採用における学びの尊重：4年間の学業成績の重視

原則4年間の成績表の提出を応募段階で義務付けるなど、大学での学びを尊重する（中略）

大学全般にGPA制度が応募者の能力を判断する客観基準として機能することを前提に、企業はその応募基準を明示する

④採用における学びの尊重：卒業後の学びの重視

大学卒業後から応募までの期間（ギャップイヤー）の経験（例えば、他社での就業体験、留学やボランティア等の社会活動体験）や成果も積極的に評価していく

⑤インターンシップ等を通じた教育への協力、インターンシップの定義の明確化

企業はインターンシップや産学連携等の形で、大学教育に多面的に関わっていくべきである。（中略）

それによって、学生が気づきを得て、在学中の学びで資質・能力を高めることは、企業にとって採用したい学生のレベルを入社前から引き上げることにつながる。

われわれが実践するインターンシップは、「職業観の育成、キャリア教育を目的として、大学と企業で連携して行う長期（原則、1カ月以上）の就業体験」と限定している。

どうだろうか。非常に精力的に日本型就職の表面的な問題点を集めているのはよくわかる。そしてその中には、本書の指摘と同義の提案（GPAパス・1dayインターンシップ廃止）も含まれてはいる。

一方で、日本型就職システムのメリット＝未経験大量採用、無限定アメーバキャリアについてはまったく触れられていない。さらには、欧米型の問題点も同様に皆無である。しかも、日本型批判の中には、よく言われはするが正鵠を射ていないものが多々含まれている。こうした点をふまえて、表面的と言わざるをえない。

本質を見ない改善策は効果も当然薄い。順を追ってそれを説明していくことにしよう。

1）日本でも、既卒無業者が正社員には、なれている

正直にいえば、既卒無業者が大企業でホワイトカラーとして正社員になることは非常に厳しい。ただ、中小企業ではそれほど難しくない。正社員にはなれるのだ（**図表㉙〜㉛**）。

「中小企業でしか正社員になれない」という点については、補足をしておく。まず日本社会の就業構造でいえば、正社員のうち大手企業・官公庁に勤める割合は22％で、8割近くが中堅・中小企業となる。中堅企業を除き、従業員100名以下の企業に絞っても、その在職割合は49・8％とほぼ半数である。ちなみに、大学新卒で就職した人のうち、大企業に入れた人の割合も、どんなに高くとも4割強であり、半数以上の人は中堅・中小に決まっている。

つまり、中小企業で働くのはそれほど「おかしな」ことではない。

とすると既卒者が中小企業でしか正社員になれないことの問題は2つになる。

1つ目は、「本来（たとえば好景気の時）であれば、大企業に入れていたのに、景況が悪く大企業に就職できなかった」人。要は「端境にいる就職強者」だ。この問題については、

図表㉙　既卒未就業者も一般従業員へ入職

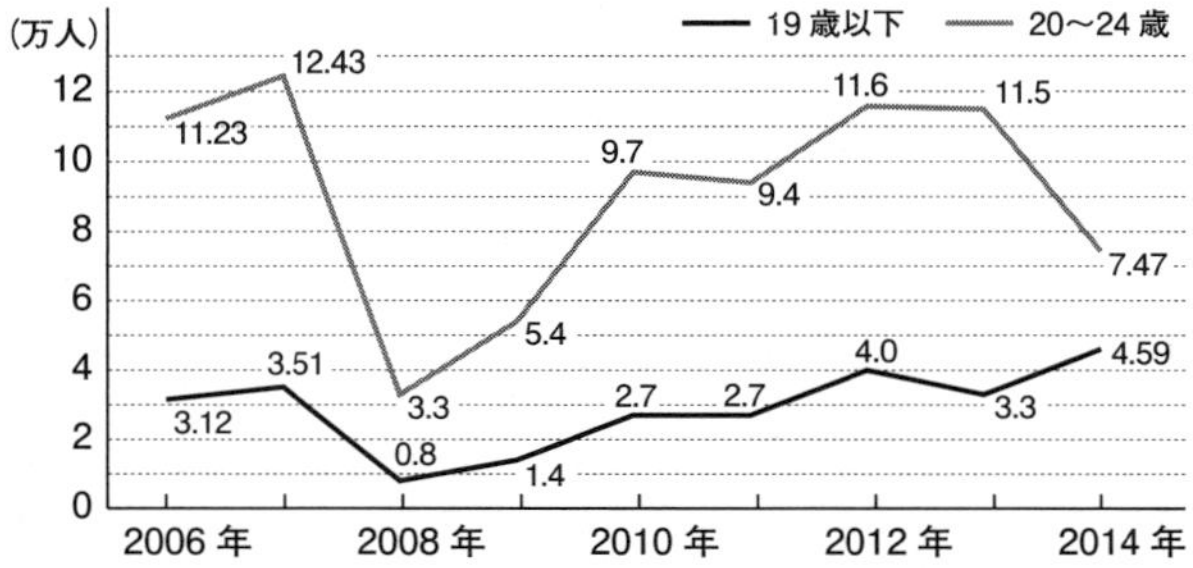

未就業者には、純粋な既卒未就業者の他に、1年以上の長期離職者を含む。また、一般従業員には、パート、バイトを含まないが、長期の契約社員は含まれる。ただし、この年代の長期契約社員は少なく、たとえば、2014年の場合、継続雇用者・新規入職者両方を合わせて2万9000人に留まる（労働力調査）。そのため、上記入職者の9割以上が正社員と想定される。「雇用動向調査」より作成。

図表㉚　大卒男子の正社員率比較

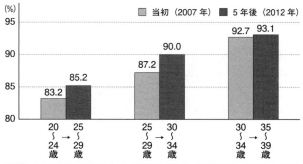

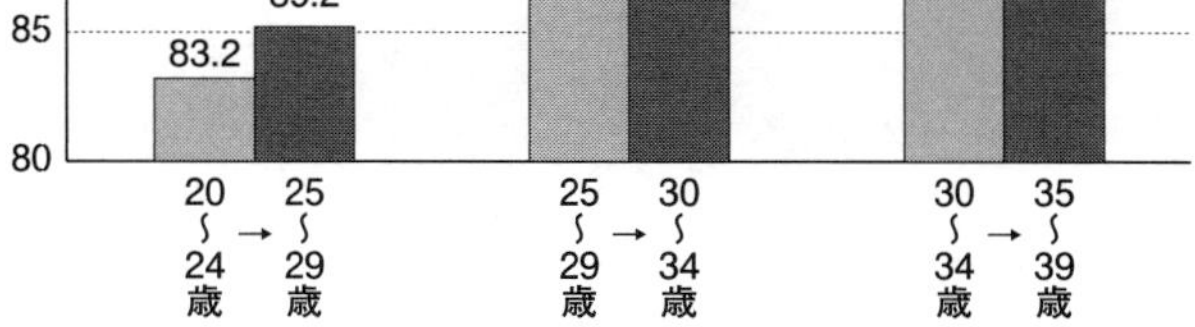

「就業構造基本調査」07年版と12年版により作成。正社員率は、正社員÷（正社員＋非正規）で計算。07年時点での各年代の人が、5年後にどうなっているかを示す。各年代とも5年後には正社員率が高まっている。この間に正社員から非正規に移行した人も当然いるのだから、その分を差し引いても正社員率が高まっているということは、かなり多くの新規正社員登用があったと考えられる。

図表㉛　新卒者就職応援プロジェクトの成果（2011年度）

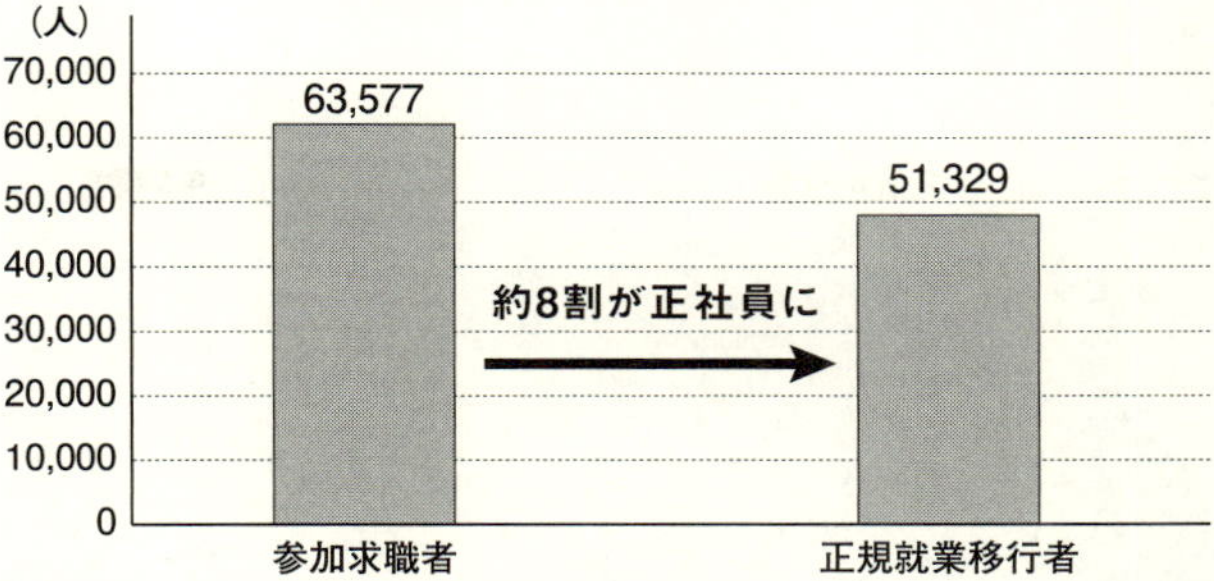

「学校等を卒業後安定した職業についた経験がない３年以内の既卒者を対象とした求人枠を設け、正規雇用等を行う事業主に対し奨励金を支給することにより、新卒者等の雇用機会の確保を図る」目的で厚労省が実施。具体的には、【①３年以内既卒者（新卒扱い）採用拡大奨励金】【②３年以内既卒者トライアル雇用奨励金】【③既卒者育成支援奨励金】の３つの奨励金により、正規就業経験のない既卒者の正社員就業を促進支援した。結果、2011年度１年間だけで６万3577人超の求職者が参加し、５万1329人が正規就業に移行。正規移行率は８割に及んだ。

後ほど詳しく考える。

もう1つは、中小企業に入ってしまった後の問題だ。中小企業の場合、とにかく離職率が高い。新卒入社でも、従業員数5人未満の企業は3年以内に約6割、5〜30人未満の企業でも半数強が離職している（**図表㉝**）。この点は大きな問題と考えておく（ただし、これは既卒とは関係はない）。日本型の本当の問題は、中小企業においては多くの点で、経営者も労働者も、日本型雇用のメリットを享受できていない点にある。本当はそこが解決されるような提言でなければならないだろう。

2）景気変動による採用枠の変化

確かにこれは正しいのだが、好景気の時に何倍にもワクが膨らむわけではない。

バブル崩壊以降の新卒就職人数をたどると、ボトムが29・9万人（２００３年）、ピークは40・9万人（２０１５年）で、アベレージを35万人におくと、好不況差は±15％程度となる。大企業に絞ってみても、ボトムが9・0万人（１９９６年）でピークが22・9万人（２０１４年）と振れ幅は大きくなるが、ボトム数字が大卒のみに対して、ピーク数字には院卒も含まれるため、その数を抜けば、最低→最多でも2倍程度だろう。

昨今では企業も、採用数を変動させすぎると、人員構成にひずみを生じると気づいたため、好不況による採用数の差を少なくするようにもなっている。そのため、リーマンショック後の景気最悪期２０１０、２０１１年でも就職人数は32・9万人、大企業就職人数も13・8万人と減少は緩和されている。

こうした状況を踏まえて、日本型就職の現実を考えると、本当の被害者が見えてくる。まず、不況期でも大企業の採用枠は半減する程度だから、好条件の学生たちは、そこに入れるだろう。それほどではない「やや」好条件な端境の強者たちは、確かに好況期なら大企業に入れたものが、不況期には大企業に入れなくなる。ただ、彼らの多くは第2志望群の準大手企業などに決まるだろう。つまり、よく言われる「好景気なら大企業に入れたのに、不景気だからフリーター」というような板子《いたご》一枚下《いちまいした》は地獄という構造ではなく、第2志望・第3志望クラスの企業へとグラデーションの中で採用企業が変化するだけだ。こうして学生群の玉突きが起きていくと、最終的には、「本来なら中小企業に決まった」人たちが無業になる。

彼らが最大の被害者だろう。

ここで改めて同友会の提案を考えてみたい。既卒5年新卒扱いという施策を打ち出しても、職に就けず無業となった最大の被害者たる弱者を採用してくれたりするのだろうか。新卒者でもなかなか入れない難関企業ぞろいの超大手企業群が主となる同友会では、その可能性は低い。彼らの施策で救えるのは、「好景気なら大企業に入れていた」という端境の強者であり、彼らが第2志望企業に入らず、無業化した時のみだろう。所詮、コップの上澄み層に優遇キップを与えるだけのことだろう。

3）大卒後のギャップイヤー評価

大卒後にＮＰＯやボランティア、留学など俗にいう「遊学」をしていた人が評価されないことが日本型のおかしさだ、という意見がよくでる。では、欧米だとそういう人が評価されるのだろうか。この点の検証がされていない。

そもそも、欧米は「新卒採用を日本のようにしない」のだから、遊学していただけの未経験者を簡単には採用してくれないだろう。だから、あれほどインターンシップをして、死に物狂いで、手に職をつけている。

日本型の新卒偏重を問題視するあまり、欧米では遊学者さえも大手企業で採用されているような幻想を生んでいるのだ。

欧米のギャップイヤーについて少し書いておく。それは一つには、見習い訓練などによる習熟期間を経て正社員採用されるために、GAPができるという人たちがいる。

あと もう一群を言うのであれば、やはり、超エリート層の特権なのだ。上位グランゼコールなどであれば、その少数精鋭さは日本の東大・京大の比ではない。彼らは大企業でグローバルエリートとなることがお決まりコースとなっている。そのため、グランゼコール側も、大学時代に「3つのマルチ」などを卒業条件に掲げている。それが「マルチ・リンガル（語学力）」「マルチ・カルチャー（文化・慣習）」「マルチ・ディグリー（学位）」なのだ。こうした3つのマルチを整えるために、遊学が必須条件となる。グランゼコールの場合、学費は高いのだが、留年（卒業延長）の場合、ほとんど無料だ。だから彼らは卒業を延ばし、遊学をする。こんな彼らと出会った日本のナンチャッテ遊学生が、「遊学の末、一流企業に入った欧州人」という話を帰国後にするから、ギャップイヤー幻想が生まれたのだろう。

仮に日本の大企業にギャップイヤーが浸透しても、結論は欧米と似たようなものになる気がしている――上位大学の卒業生であれば、無業で遊学していても、採用すると。それは再度いうが、今でも十分有利な一部上位学生の立場をさらに優遇するだけのことで就職に苦しむ学生、採用に苦しむ企業に好影響は少なそうだ。

この件については、192ページからの「コラム　識者に聞く④　欧米企業のプロの視点」で詳しく見ていきたい。

4）日本型新卒採用が早期離職を生む

これについても3年離職率の現実をデータで振り返っておくことにしよう。

厚生労働省の「若年者雇用実態調査」で見ると、確かに大卒3年離職率は30％を超えている。ただし、これが世界的に高いかどうかは、同友会からは何の指摘もない。ちなみに、

図表㉜　世界各国の年齢別転職率

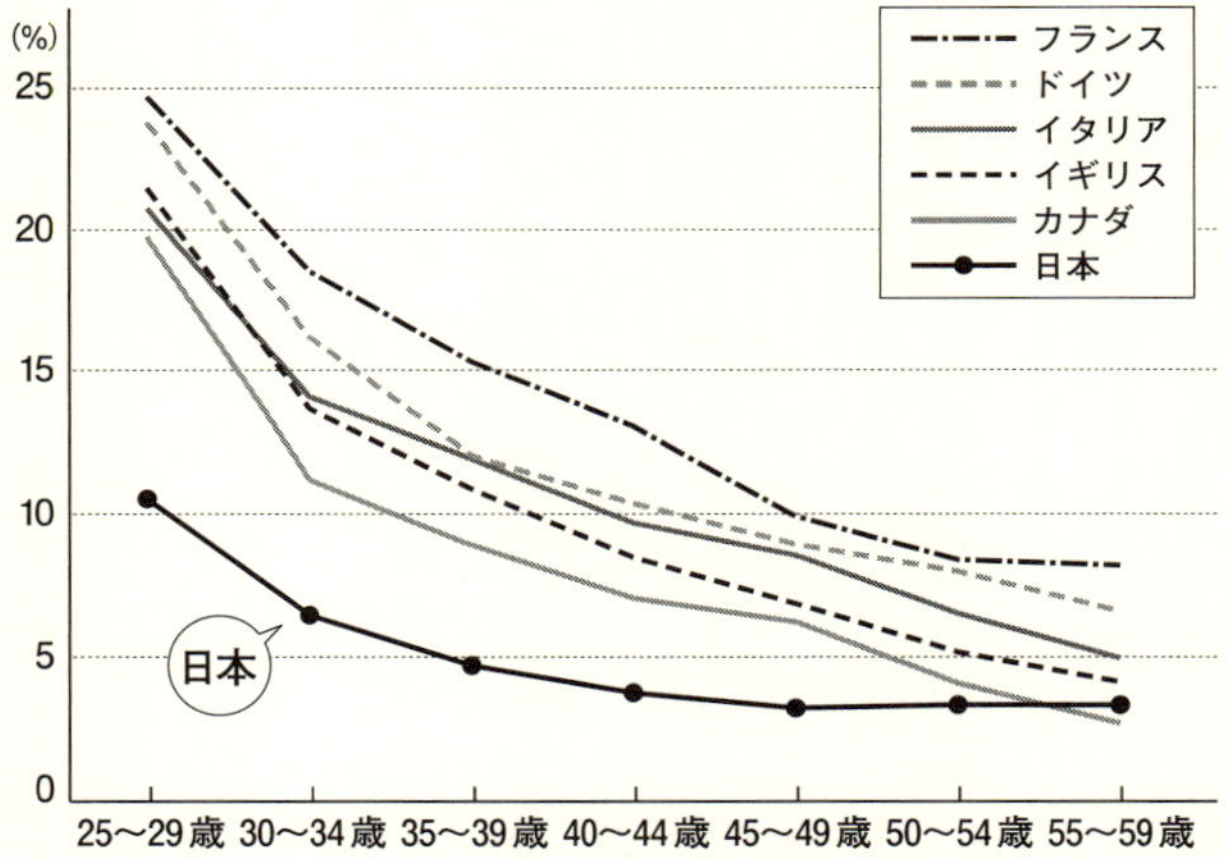

OECD 09 年データ。該当年齢正社員のうち、入職 1 年以内の比率で比較。24 歳以下に関しては、この方式だと新卒入職者がカウントされるため割愛。

年代別転職率をＯＥＣＤデータで見てみよう（**図表㉜**）。

どうだろう。ここでも日本がかなり低いことがわかる。それよりも、日本の問題はもっと別の点にある。

日本の若年離職率は、企業規模が小さくなればなるほど高くなり、逆に大手企業は低くなる（**図表㉝**）。同友会に名を連ねている企業は概ね優良企業もしくは人気企業に当たるだろうから、10％程度かそれ以下だろう。１年間に直せば３％程度の離職率をことさら問題にする必要などないはずだ。

日本型採用が生む早期離職の問題は、中小企業にこそある。ここを解決する

図表㉝　企業規模別に見た大学新卒者の3年後の離職率

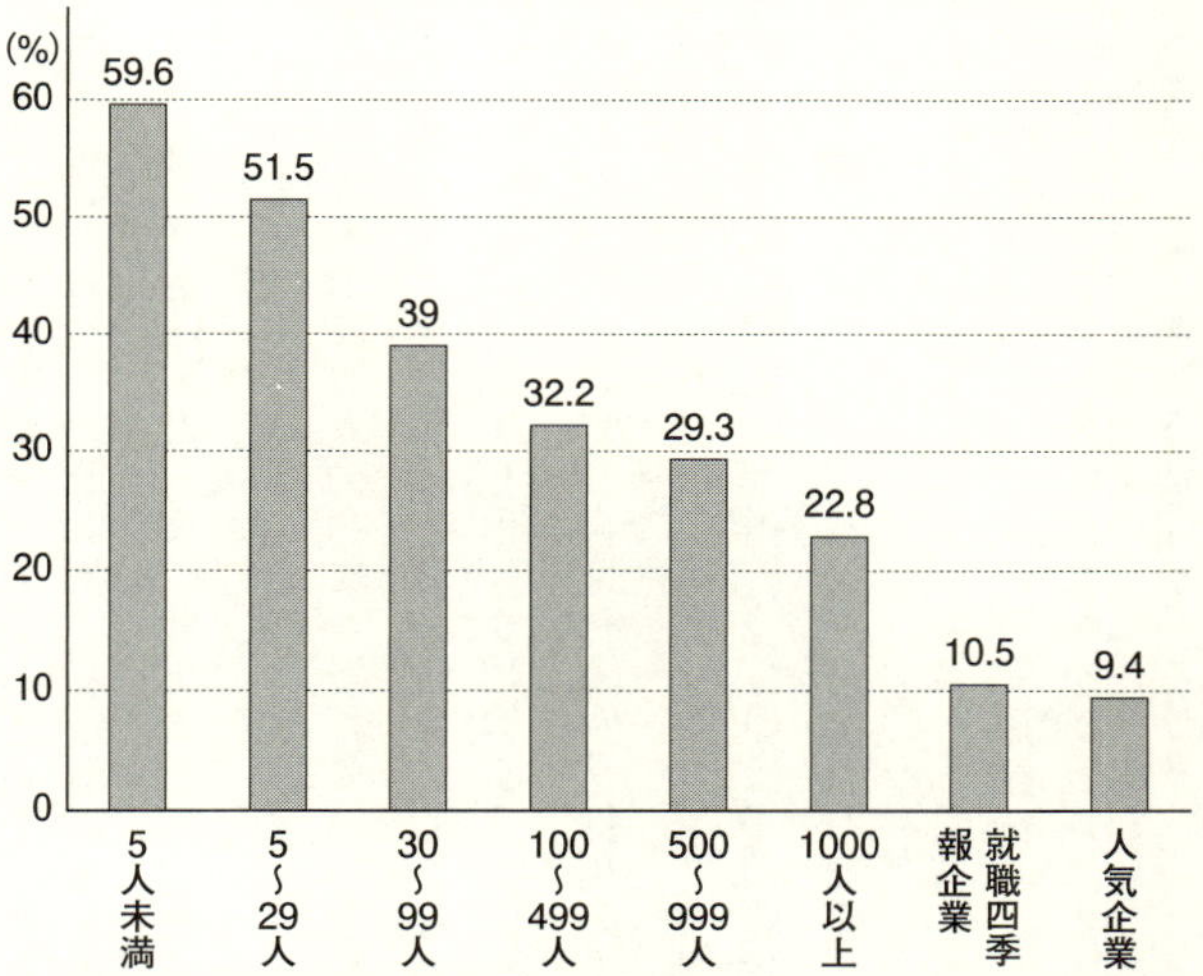

従業員規模別の数値は、厚生労働省発表の新規学卒者の3年後の離職状況（平成24年3月卒業者）。優良1254社に関しては、就職四季報2015年版（東洋経済新報社）に掲載された離職率（公表企業は875社）。人気ランキング企業は日本経済新聞調査の人気ランキングで100位以内に入った企業を就職四季報から抽出して掲載（発表企業は44社）。

ことがポイントであり、それは、同友会がここに並べる施策では解消が難しい。今でも中小企業は既卒者を受け入れているし、商工会議所や経営者協会などを通じてインターンシップも行っているが、何より学生が集まらないのだから。

5）既卒5年新卒扱いについて

これはすでに2012年卒採用より政府要望もあって実施する大手企業が多々

あった「既卒3年新卒扱い」と同じ趣旨だ。ただ、この仕組みを取り入れた大手企業も成果は上がっていない。なぜなら、採用基準自体を変えているわけではないから、結局、既卒者のうち、好条件の人のみに日があたり、彼らの多くは、不況期でも第2・第3希望企業に入れているため、応募は少ないからだ。

結局、上位校出身で人物的にも優れている少数者が何を思ったか就職しなかった、というような稀なケースしか該当者が生まれてこない。

にもかかわらず、この仕組みによって、なんとなく救われる気持ちになる学生は多くなる。そこが悩ましいのだ。再度書くが、採用基準が緩い中小零細企業に関しては今でも新卒既卒関係なく、けっこう採用をしている。そうした中小零細企業に関して、この基準は意味がない。就職弱者の本当の受け皿は、結局は中小零細企業なのだから、この組み合わせがうまく行く仕組みを作ることが本当の課題だろう。

長期インターンシップによる就業感醸成

この件に関して、理想的ではあるのだが、果たして企業が何の実利もなく、そこまで社会貢献をするか、という疑問が残る。

前章の欧米のインターンシップを見てほしい。確かに長期受け入れをしているが、その理由は、1つは優秀層の早期確保であり、もう1つは、便利・安価な都合のよい雇用としてだった。たぶんに、日本人は欧米のこうした現実を知らずにインターンシップにも幻想を抱きすぎている。その典型が、同友会の社会貢献型インターンシップだ。

ただ、そんなきれいごとではうまく行かないのは、同友会の発表資料からも良く分かるだろう。総従業員が1万人にも上るような超大手企業17社が参加して、その受け入れ学生数はたった70名！　1社4、5名に過ぎないのだ。明らかにお付き合い参加であることが見え見えだろう。

いくら本格型インターンシップを盛んに！　と息巻いても、1社あたり4、5名というプラチナチケットであれば意義は少ない。

では、その正反対で、インターンシップを企業の実利満載なものにしてしまったらどうなるのか。簡単なのは、インターンシップを短期かつ採用直結にすることだ。これなら確かに企業も学生も集まる。がしかし、こちらも大変なことが起こる。過去に実際、そういう時期があったのだ。

それは次節で書くことにしよう。

善意の加害者

同友会としては、日本型就職をなんとかせねばという善意にのっとり、この方針を策定したのだろう。確かに研究も良くしているようだ。世に言われる日本型のデメリット、そして改善要望の多くを盛り込んではいる。ただし、脱日本型のデメリットへの考察や、真の欧米型の厳しさなどは検討した感がない。そして、フルパッケージで実施した時のメリットは、そのほとんどが「今でも有利なエリート予備軍」へのさらなる優遇策になってしまう。果たしてこの施策で、就職に苦しむ一般大学生や、エリート大学でも人見知りやハートが弱くて就活がうまく進められないような悩み多き人を、本当に救えるのかは甚だ疑問が残ろう。こうした一見、見栄えの良い進歩的提案は実に実りが少ない。

それよりも、日本の社会システムの中で、現実的な解をしっかり考えることが大切ではないか。

コラム　識者に聞く③　教育界の視点

吉岡知哉氏
（立教大学総長　就職問題懇談会座長）

――今回の就活ルール変更が意図したものは何でしょうか。

近年は技術革新やグローバル化が進み、社会は日々、大きく変化しています。こうした社会を生きていくため、これからの若者には、変化対応力や知識吸収力、そして主体的な変革力がますます必要になっていくでしょう。そうした現代人に必要な能力を培う場として高等教育機関たる大学は存在しています。各大学はその使命のもと、学生たちを4年間かけて育成するカリキュラムを組んでいます。

一方で、学生たちにとっては仕事に就くことも人生の重要なテーマです。新卒一括採用が根付く日本にあっては、そのタイミングを逃すと入職の機会が乏しくなってしまう。だから学生たちは就活にも力を入れます。

その結果、在学中のある時期、学業と就活が並行してしまい、カリキュラム通りの育成がかなわない状況が生まれていました。

高度社会に合致した人材育成は社会全体の要請事項でもあるので、産学官がうまく連携し、学業阻害を低減できるように、キャリア形成と就職活動のあり方全体を考える中で、時期のルールも決めていきましょう、というのが、今回の趣旨だと思っています。

――社会で活躍できる人材を育成するために大学はどのような教育を行っているのですか。

日本の大学も大いに変わってきています。インターンシップやボランティア、留学などをカリキュラムに組み込み、企業や地域と連携して、プロジェクト・ベースド・ラーニング（課題解決型学習）やサービス・ラーニング（奉仕学習）などによる学びも取り入れています。聞くだけの座学ではなく、自らを拓き、社会と協働しながら研鑽できる仕組みが、以前とは比べものにならないくらい多様に用意されています。

――採用後ろ倒しに足並みがそろわずかえって、就活が長期化したともいわれていますが。

産学官の社会的合意の中で変更になった採用ルールを受け入れてもらえず、一部企業が早期採用をしたことは、確かに問題でしょう。

ただ、フライングした企業が選考を開始した3月から、ルールを守った企業が選考を開始した8月までの間、学生側にハイレベルの緊張がずっと続いていたわけではありません。これまでは視野に入れていなかった企業に目を向け、一旦内々定をもらったうえで、彼らは大学に戻り、授業に出たり、サークル活動に参加することができた。その結果、本番の8月に向かってよりリアルな企業研究もできたはずです。そして、夏休みに入り学業に抵触せずに、大手企業の選考に臨んでいた。企業の採用意欲が高かったこともあり、内々定も出ないままに就活が長引くという従来の就活とは異なっていたと思っています。

――根本から日本型就職を変えるべき、という意見も耳にしますが。

それぞれの国の社会構造が異なる中で、他国の事例を日本にそのまま接ぎ木するという話は、現実性がないと思います。ましてや、日本は若年の失業率が先進国の中でも低く、それには新卒一括採用が寄与していることは否めません。ならば、それを肯定したうえで、高度人材育成という社会的テーマを阻害しないように、産業界と教育界が歩み寄り、知恵を出し合うべきではないでしょうか。今後もそうやって、実現可能で実効性のある採用ルールを作っていきます。

§2　自由化・早期化・インターンシップ解放論を正す

15年前の完全自由化時代、大手の2割強が本格的インターンシップを実施

２０１６年夏から秋にかけて文部科学省・厚生労働省・経済産業省の３省合同で、インターンシップ検討会が催されている。第１回検討会で協議された最大のポイントは、採用目的でインターンシップを行うことを許可するか、否かだ。

現在、インターンシップはあくまでも、学業の一環として行うものと位置づけられており、そこで企業が採用を行うことを善しとしていない。ただ、欧米ではインターンシップで普通に採用も行われる。採用されるとなれば、参加する学生も増え熱意も高まる。同様に企業も本腰を入れる。だから、採用目的を許すべきではないか、という話が最初の議題となった。

当日は、「みなが一斉にヨーイドンする現行ルールよりいい」「時期がまちまちだからチャンスが何度もある」などと都合いい話ばかりが上がったという。

が実際はどうか？

実は過去においては、インターンシップで「採用をしてはいけない」的な協定も何も存在していなかった時期がある。そう、1章で書いた通り、1996年度までは就職協定があり、2002年卒以降は経団連による「採用選考に関する企業の倫理憲章」ができ、それが2004年卒からは賛同企業の社名発表方式に変わるため、それ以降は「早期採用」がやはり事実上できなくなる。とすると、1998〜2003年卒は実質的なルール空白期となる。ここで早期採用目的のインターンシップは、異常な盛り上がりを見せるのだ。

その状況をレポートしたリクルート社発行の雑誌「Works」54号（2002年10-11月、以下、「ワークス」）から主要なデータを見てみよう。

東証一部上場企業のうち、2002年度にインターンシップを行う予定の企業は23・1%と4社に1社弱となっている（ただし、このデータは母数に「無回答企業」を含まないために正確性に欠けるきらいはある）。かなりの浸透度合だろう。しかも、当時はまだ1dayインターンシップなどというものがなかった（こちらは常見陽平氏が2005年前後に当時人事担当をしていた玩具メーカーにて発案されたという）。かなりの日数を費やす本格的インターンシップが、当時は普及していたのだ。

ではそのころ、企業がインターンシップを行う理由は何だったのか。CSR（企業の社会的責任）がまだ声高かに叫ばれなかった時代だから、企業は正直に答える。

なんと、45％が「採用目的」であり、続いて「大学とのパイプ作り」17％、「企業PR」15％と企業側の即物的要望が並び、ここまでで8割に迫る。その他にも「社内活性化」10％、「労働力」5％と企業目的が先行し、「社会貢献」はたったの8％にとどまる。

と、ここまで見れば、「カッコつけずに、採用目的にすれば、企業側はインターンシップに本腰を入れる」という話は正しいとわかる。

ただし、問題はそれがどんな結果を生むか、なのだ。

大学2年末から就活に明け暮れたあのころ

こうした盛り上がりが最高潮に達した2002年は大変なことになった。自由化も5年を過ぎており、超大手人気企業が真正面から「インターンシップで早期・通年採用」を宣言したからだ。その先陣を切るのが松下電器産業（現パナソニック、以下、松下）だ。

この、前年の2001年3月に「新3年生」「大学院1年生」をターゲットになんと春休みに、「採用目的でインターンシップを行う」とぶち上げた。それも、実施期間は2週間。プログラム数は140を超え、外国人留学生向けの専門プログラムまで作っている。しかも中身はおためごかしのアトラクションではなく、「実務体験型インターンシップ」だ。

そもそも関西地区では大手外資系企業が古くからインターンシップ採用を実施していたことで、学生たちのインターンシップへの関心が高かった。そこで、松下も1990年代から本格的インターンシップを連綿と実施してきた。その意地もかけて、自由化の中で集大成のプログラム、そして採用の早期・通年化に踏み出したわけだ。

こうした2001年の前哨戦があったから、2002年には3年次夏のインターンシップは盛り上がりを見せた。関西系大手に関してはなべて大学3年次の夏休みには採用を行うことになる。東京系もメーカーを中心に3年次夏のインターンシップは盛り上がりを見せた。当時の新聞報道から早期採用直結型インターンシップを行った大手企業の記事を抜き出してみる。

・2001年4月11日　日本経済新聞11面――富士通について言及
・2001年8月19日　日本経済新聞1面――JCB、松下、昭和シェル石油、TDKについて言及

・2001年10月10日　日刊工業新聞1面——三菱電機について言及
・2002年8月26日　日本経済新聞12面——神戸製鋼、三洋電機、シャープ、三菱レイヨン、花王について言及

ざっと日経テレコンで日本経済新聞関連記事を調べただけで、この状況なのだ。

結局、一括採用が、一括インターンシップに代わるだけ

外資やベンチャーはこうした国内大手の攻勢に耐えきれず、さらにインターン採用を前倒しし、大学2年次後期試験終了で春休みになった途端に実施と、まさに、「超早期×通年」が繰り広げられたのだ。

結果が、既述の通り、一部上場企業の23・1％もがインターンシップを行う状況となる。ちなみに、当時はITバブル崩壊後で景気はまだまだ低空飛行であり、一部上場企業で新卒採用を行っていたのは全体の6割程度だった時代だ。それでいて、この実施率。

ちなみに、文系学生の一番の採用受け皿でもある金融業界が、当時は不良債権の最終処理で「竹中プラン」の詰めが行われていた時期でもあり、都銀・メガ証券・生保・損保な

どはこの波に乗り遅れ気味でもあった。それでもこれほどの騒ぎになっている。現在なら広がりは遥かに大きくなり、みなが「一括×早期×通年」インターンシップに奔《はし》るだろう。

それが、惨憺たるものだったのだ。前出の「ワークス」から抜粋しておこう。

で、2002年の結果はどうだったか。

「1社インターンじゃ決められない」と、内定後、続々他社に流出

さすがに、2年終了時点でインターンシップというのは、極端な例ではあるが、3年夏休みに採用直結型インターンシップを行うのはかなり普通になっている。

しかしこの時期では、志望・能力とも未成熟の応募者が多く、本当に適性があるのかどうか判断しきれないことが多い。また、早熟人材を仮に発掘できたとしても、就職までの2年近くをどうやってリテンションするか、という問題に行き着く。過度の早期化には警鐘を鳴らす声が多々聞かれる。

「3年夏からの内定・拘束は難しいでしょう。私たちがコンサルティングを行ううえで、夏冬（春）2回インターンシップを行う企業に対して、夏は波及効果と位置付けては、とお話ししております。学生に無料奉仕。ここまで熱心、というイメージ。そこである程度めぼしをつけて、冬のインターンシップや、春からの選考に声をかける。こうした形でないと難しいでしょう」（シンカ／佐藤大吾氏）

「採用目的では3年冬〜春に、と理解した企業が増えていますね。そのため、大手通信メーカーのように夏のインターンを廃止した企業、もしくは、夏・冬の抜本的なプログラム改編を行うため今年は開催を見送った某大手ITソフトメーカーや独立金融系企業など、インターンシップの先端企業が、自社の目的、メリットを再確認し、変更を行いつつあります」（インターンシップ情報サイト〝B・i助っ人（ビスケット）〟を運営するメディアネット／渋谷正利氏）

※所属はすべて当時

結局、超早期採用しても、学生たちを入社までうまく導くことはできず、あとから通常採用を始めた企業に多々、抜き返されてしまうことになる。だからインターンシップで早く内定を出したとしても、その後、リクルーターの接触活動や勉強会などをかませながら、拘束をし続け、そうして通常採用時期にもう一度、応募してもらう。こんな何度手間にもなることを企業は知った。こんな苦労でへとへとになった大手企業は、2004年卒の倫理憲章強化（賛同企業名公表方式）を渡りに船と歓迎し、早期採用と決別した。

企業にとって相当なコスト増。だから倫理憲章強化につながった

ここまでをいったん整理しておこう。

日本の横並び意識が強い大手企業群では、誰かが抜け駆けした場合、皆がそれに追随する。だからとんでもない一斉早期化が起こる。

ただし、日本の学生の就業感はそんな超早期に醸成されてはいない。そんな状態で、たまたま1社受けて内定が出ても、他を見たくなる。普通の選考なら1日でカタがつくが、2週間もかかるインターンシップだと、その間まったく他社を見ることができない。とすると、インターン終了後に、ようやく他社の説明会やインターン募集に顔を出す羽目になる。

こんな感じで、インターンシップで内定が出ても、その後に人気企業がインターン募集や通常採用をしていれば、すぐそっちにも応募してしまうのだ。結果、企業は内定から入社の率が下がり、学生は就活の超長期化に悩む。それが2002年前後の教訓だったのだ。

こんな苦労をして、採用にこぎつけたのだが、その定着率はかつてよりよくはなってい

ない。インターンシップを通して社内を知っているので入社ショックが小さく辞めない、というのはあてが外れたようだ。それよりも、インターンシップで体験した職場と入社後に配属された仕事が異なるという不満、世話をしてくれた社員とはあまりにもタイプが異なる人が上司になったといった失望、インターンシップからの拘束で他社を見ていない分、隣の芝は青く見える型の退職もあったと聞く。

就職氷河期の2002年でさえこうだったのだ。あれからスマホに代表されるネット環境は相当進歩している。かつてよりも、流行の伝播は早いだろう。めぼしい大企業が動くとなれば、学生たちは否が応にもつきあわざるをえない。こうした状況下では、あっという間に大企業の横並びの超早期化が進むだろう。これでは、一括採用が一括インターンシップになっただけの茶番ではないか。

もはや学業阻害ではなく、学業破壊、という状況だった

さて、2002年のこんな状況が果たして学生たちには良かったのか。その点を振り返っておきたい。

実は、先ほどから引用してきた「ワークス」は、私が編集長をしていた当時のものであ

り、この特集は私自身が担当した。取材の最中、大学・学生に広く声を聞いた。

もちろん、松下はじめ、本格的なインターンシップに参加できた学生はその成果を体感していたとプラスの話も多々出てくる。がしかし、一方で大きかったのは、「学業阻害」という話だ。大学2年の終わりから4年までずっと就活が続く。しかも、1回が従来の「説明会2時間＋面接1時間」というライトなものではなく、2週間も長々と拘束される。

就業体験としてはうれしい長さだが、就活と考えると苦しい。口々に出たのは、「早く結果が知りたい」「これじゃたくさん受けられない」「拘束時間が長すぎる」という本音。

そして、こういう就活（インターンシップ）大好き学生がいるために、その他大勢の普通の学生たちが、お腹の痛い思いをしたという。

「だって、やつらはすでに有名大手で働いているから差を感じて」

「仕事の話とか、社会人の知り合いの話とかされると……」

こんな感じで、1人、インターンシップ勝者がいると、周り中が切羽詰まる思いになったという。

学生には今以上にプレッシャーを与え、学業は阻害ではなくもはや破壊となるだろう。

大手の狂想曲を尻目に、閑古鳥の鳴く中小

続いて、中小企業はどうだったかを振り返っておこう。

もう一度いうが、2002年当時は採用協定がないに等しく、企業は自由にインターンシップを開催できた。当時の統計で見る限り、45％の企業が「採用」を前面に打ち出してインターンシップを実施していた。中小企業を中心に、募集企業数は楽に「万」を超える。どんな状況だったのか。もう一度、「ワークス」54号を見てみよう。

中堅・中小・地方企業に目を向ければ、星の数ほどの企業がインターンシップを実施している、という実情に気がついているだろうか。

たとえば、全国で約800を数える商工会議所のうち、100以上の支部でインターンシップの仲介が実施されている。ここに寄せられる受入企業の数は、少ないところでも10社以上、多いところでは100を超え、総計では延べ数千の企業がインターンシップの受け入れ先として名乗りをあげていることがわかる。

同様に、日経連のインターンシップ推進支援センターには、全国50カ所の支部が参加し、ここでもそれぞれの支部が少なくない企業を紹介している。経済同友会はインターンシッ

プの受け入れを希望する傘下企業に対し、学生の紹介を開始。今年は約1000名のインターン枠を確保。

まだまだある。経済産業省の外郭団体であるJETRO（編注、日本貿易振興機構）は、海外留学生向けインターンサービスの老舗。都道府県に目を向ければ、多くのサイエンスパークが加盟企業のインターンシップを仲介。産官学連合ではインターンシップ推進協議会が、導入コンサルティングやマッチング業務を実施。京都や神戸、多摩などにある大学コンソーシアムは、地域大学全体を取りまとめたインターンシップサービスを大規模に展開。たとえば大学コンソーシアム京都では、200社以上の企業がリストに並ぶ。その他にも、各大学が独自にインターンシップ・プログラムを行い、その数は全大学の2割に達するといわれる。

どうだろう。ここに上った企業をすべてカウントするわけにはいかないが、多分、万単位のインターンシップ受け入れ先企業が存在する、というのが実情だろう。

「就職超氷河期」と呼ばれた当時でさえ、中小企業は不人気で新卒採用がうまく行かず、そのため、何とかして学生確保を、と各団体総出でインターンシップを推進していたのだ。

就職協定が廃止された翌年の1997年に、文部省が通達で学生への就業体験の促進を謳ったために、各地でインターンシップ熱が高まりはじめ、そこから4、5年経過した2002年前後がやはり、中小企業でもインターンシップの第1次ピークとなる。

ただし、どこも学生の確保には四苦八苦だった。学生は地方・中小企業のインターン生募集に目を向けてくれない。その傍らで大企業は左うちわな状況となる。「ワークス」をもう一度見ておこう。

「有名企業の平均的な応募倍率は20倍超」（インターンシップ派遣を事業とするデジット／船川治郎氏）

「人気企業だと平気で50倍以上になる。マスコミ系では1000名以上の応募もあり、新卒採用より難関になることも珍しくない」（メディアネット／渋谷正利氏）

「当社では27名の定員に対して3500名が応募した」（P&G／人事・野々村富美子氏）

お分かりだろうか？　インターンシップを採用目的にすれば、確かに、学生も企業も本腰を入れる。その結果、インターンシップにおいても、大企業にばかり学生が集中し、中小企業には行かない。だからミスマッチが起こる。それだけのことなのだ。

インターンシップだと解決できると考える矛盾

現在開催されているインターンシップ検討会では「人材不足に悩む中小企業は解禁日前のインターンシップ採用を求めている」（2016年7月13日日本経済新聞）ともいうが、それがまったく意味のないことだと早く気づいてほしい。中小のみインターンシップでの採用を解禁に、という話になっても、結果は変わらないだろう。大手がインターンシップをやっていなければ、学生は中小のそれを選ぶ、という話にはならないからだ。

アナロジーで考えてほしい。今でも大手の解禁前に面接を始めている中小企業は見かける。だが、そうした企業から聞こえてくるのは、「学生が集まらない」「せっかく内々定を出しても、あとから大手に抜かれてしまう」といった話ばかりだ。

結論は見えている。採用目的のインターンシップを解禁しても、中小には学生は集まらない。そして、うまく応募者を確保でき内定を出しても、入社までのリテンション（引き留め）はかなりハードルが高い。採用活動で起きていることが、すべてインターンシップで再現されるだけのことだろう。

コラム　識者に聞く④　欧米企業のプロの視点

中島豊氏
（中央大学ビジネススクール　大学院　戦略経営研究科　教授）
牛島仁氏
（GEクロトンビルジャパン　リージョナルラーニング・リーダー）

遊学、行政サポートの後、議員秘書、そしてミシガン州立大学再入学ですが、何か？

――以前、欧米礼賛で有名な識者の方と対談した時に、こんな話をされたのを覚えています。「アメリカの大学を卒業し、その後、アフリカでボランティアなど2年経験した学生が、日本に帰国したら仕事が見つからないという。新卒じゃないという理由だけで日本の大企業は門戸を閉ざしている。日本は本当にだめだ」と。私が違和感を持ったのは、こういう人がアメリカならスムーズに入職できるのか、というところなのです。どうでしょうか。

牛島　その2年間で何をしていたかによりますね。仕事に役立つ意味のあることをやって腕を磨いたら、入れてくれる企業はあるかもしれませんけれど。

中島　わかりやすい例をお話しします。私の知り合いが既卒ながら、GEに入った。彼がどんなギャップイヤーを送っていたか。彼は大卒後2年間、政府主導の途上国ボランティアプログラム「ピースコープ」に参加しアフリカのとある国で行政の仕事をしていた。その後、議員のスピーチライターをやり、ミシガン州立大学のビジネススクールで学んで、GEに入った。ギャップイヤーといっても、そのくらいの経歴がないと、アメリカでも一流企業に入るのは難しいでしょう。

――それは、件の学生とはケタ違いですね。いったい、アメリカの新卒採用ってどうなんですか。

牛島　そもそも、アメリカの大手企業は、そういう明確に仕事に役立つ経験をしていないふわふわした人材は採用しないでしょう。これは世界中どこでもそうではないでしょうか。中途ならば、スペックにあった仕事ができる人。一方、新卒は、採用数自体がとても少ない。私もアメリカの大手金融に新卒でリーダーシッププログラム（LP）生として入れましたが、それはとても狭き門でした。どこの大手でも、カレッジ・リレーションという部署があり大学に赴いて、厳選して学生を採る。それも、大学名だけを見るというのではありません。向こうは名の知られていないカレッジでも学部や学科によってはトップレベルのブランドを持っているケースもある。だからそうした学部学科を絞り込んで、アプローチをする。また、トップレベルの大学の学費が高いので、学費が安い地元大学に優秀な学生が行くケースもある。そうしたケースも拾うために、GPA（学業成績評価。4点満点）で3・8とか3・9の学生にはアプローチをしたりします。

中島　日本と決定的に違うのは、応募サイトがあって、そこに誰でも応募できるという仕組みではないことですね。日本のようにある月になったらサイトに登録して、という世界ではまったくありません。それに、会社説明会回りや面接なども思うようにはできません。あちらはニューヨークに企業が固まってるわけではなく、広い国土にちらばっていますからね。だから、はなから未経験者を大量採用するなんて無理なのです。基本、ターゲット大学・学部・成績優秀者に絞り込み、クローズな環境で採用をします。超厳選採用です。

厳選20名が2年後には半分脱落する。それがエリート

――「フォーチュン500」の企業だと、これは日本の東証一部よりもはるかに大きい世界企業ばかりですね。それだけ大きな企業で、新卒採用はどのくらいなのでしょうか。

中島　たとえば、金融系にはプログラム・ハイア（Program Hire）という仕組みがあります。優秀層を採って徹底的に育てるという仕組み。ただそれは世界的な金融企業、それこそ日本のメガバンクの何倍も大きな企業なのに、せいぜい20名程度しか採用しないでしょう。こうして手塩にかけて育てる「次世代人材」とそれ以外の人に二分されている感じです。

牛島　そう、最初から二分されているところはありますね。

――プログラム・ハイアって、LP（リーダーシッププログラム）採用の金融版だと思うのですが、金融以外ではLP採用はどのくらいなのでしょう。

牛島　LPにも2種類あります。ニューグラッツ（新卒）向けと、経験者（Experienced）向けです。ニューグラッツは、中島さんのおっしゃる通り10〜20人、経験者向けが5〜10人といったところでしょうか。その時のビジネスの規模やニーズにもよりますが。

――アメリカの大学生は日本の3倍＝1学年約200万人いるといわれますが、日本の大手よりはるかに大きな企業が、日本の数分の1しか新卒採用していないのが現実と。

中島　向こうは「次世代人材」の早期確保という意味で採用しているのです。厳選し手厚くという枠だから、それ以上大きくはできません。社内のファンクションごとに、こうして背番号がついた有望選手をそろえていく、というイメージでしょうか。

――この厳選組のLPでも、生存競争が激しいと聞きますね。2年間のプログラムであり、この間に腕を磨き、認められ、ポジションを獲得しないと、本採用に至らないこともあると。

中島　それは業種や職種によると思います。投資銀行では金融スペシャリストだったら2年経ったら、退職により空席ポジションがけっこうできているから、採用率も高いでしょう。

牛島　私が見てきた企業、知っている企業を総じていえば、採用されるのは5割から6割といったところでしょうね。残りは、プログラム終了の際に正式採用されない場合もあるし、途中でドロップしたり、逆に、ＬＰでの経験を活かしてもっと良い条件の企業にトライするというしたたかなケースもあります。

――**採る側も働く側も、アメリカの大企業はシビアで厳しい世界ですねぇ。**

牛島　その通りです。冒頭で出て来たような、気楽な世界ではないですね。

専門職という名のノンエリートの実態

――**冒頭で話した卒業後2年間遊学していた彼ですが、アメリカ企業で働きたいとなると、中途として応募するのでしょうか。**

中島　アメリカにはまず、新卒採用という概念がないから、中途という概念も少し異なるところがあります。先ほど出てきた、ＬＰ採用される金融スペシャリストなどは超厳選ですが、それ以外の人たちは、けっこう緩い。雇用終了が欧州や日本と比べて簡単だから、なんとなく採用されてしまったりするのですね。学生時代にパートで働いていて仕事を覚え、そのあと大学に戻って残った単位を取り、また会社に戻って、と繰り返しながら、いつの間にか正式に働いている、というケースも見られます。境界があいまいなのですね。

――**それは、一線級の次世代人材にもあることなのでしょうか。**

中島　いや、事務や窓口対応をするような、ミドルとかバックというセクションの話です。アメリカの会社は地方に本社があるケースも多いのですが、人の出入りが少ない地域、たとえば東部の古い会社などだと、新規採用しようにもスペックぴったりの応募者も見つかりにくいです。だからそんな感じで働いて、いつのまにか40年も勤めている、そんな年配者などのケースも普通に見かけます。

――彼らの能力レベルはいかがでしょうか。

中島　グローバルエリートとして夜討ち朝駆け、という世界観ではまったくありません。ただ、その分野の仕事を任せる技能者としては、まあ及第点といったレベルでしょう。

ノンエリートにはプロトコール的な転職もあり

――もし、彼らが今の領域・待遇では納得いかず、他にチャレンジしようと思ったらどうするのですか。日本のような育成目的の人事異動はないでしょう。

中島　コミュニティカレッジや夜間のビジネススクールで、他領域の仕事を学ぶのですね。

――学校で実務が学べますか？　欧州の職業訓練だと実務はやはり企業実習でしたけれど。

牛島　いや、そこですが、アメリカは学校がけっこうよくできているんです。実務を長くやっていた人がゲストとして先生になり、しっかり仕事を教えます。それも、「これさえ覚えていたらこの世界のエントリーチケットを手に入れられる」というようなことを。たとえば、教育育成を教えるなら、タレント・マネジメント（人材管理のためのシステム）のデファクトツールを、採用ならアプリカント・トラッキング・システム（応募者管理システム）のそれを、評価や異動に携わる仕事なら、タレント・パネル（人材育成を目的とした人材棚卸会議）の運営方法を、という形で。アメリカの場合、こうした標準的なツールが仕事ごとにそろっていて、それを実務者がガミガミ教える感じなのですね。だから、一通りはできるようになります。

――ただ、それはツールを動かせるようになる、だけの話ですよね。それでいいのですか。そのレベルで中途採用して仕事をこなすとしても、コツだのツボだのは押さえていないわけではないですか。

中島　いや、ある面、それでいいともいえるのです。多民族国家のアメリカは、そういう「これができればＯＫ」というプロトコール（手順書）的なものがあって、それで最低限の仕事はマニュアル的に進められる。あとは、先ほどの次世代人材にあたる優秀な人が、コツやツボは押さえて、まとめていく。そしてもう1つ。こうした学校に行くことで、これから目指す領域の「知り合い」ができ、ジャーゴン（業界用語）も使えるようになる。これも大切。そうしたもの全部を含めて、私は「プロトコール的」と言いました。

――それでも私からすると心配です。あの大変なタレント・パネルの事務方を、学校で学んだ

だけの人が担えるのでしょうか。

中島　彼らをサポートするために、コンサルタントがおります。タレント・パネルであれば、そのひな形になったGEの「セッションC」を、長年同社で手掛けてきたような人が、独立してコンサルタントになっています。

牛島　そこは多少疑問もあります。確かにできるけれど、すべて標準ツールとコンサルタントに任せていると、企業独自の工夫がなく、他社並みのことしかできません。名の有る企業なら、そこは創意工夫や独自性、コツなどを付加するべき、と考えているでしょう。

そういう方向を目指さないと、工夫をしない人たちの集まりになります。そして、うまくいかないとツールのせいにする。それではだめなので、うまくいかなければツールを変えるべきだ、これじゃあ使い方が悪いと。ただ、中小規模の外資はここまで手が回らないというのも事実でしょう。だから中島さんのおっしゃるような世界も生まれていると思います。

雇用終了も簡単だから、気楽に採用もできる

――それでは、中途採用する場合、標準的なツールを扱えて、一通り用語もわかる「プロトコール的にOKな人」であれば採用になるのでしょうか。それとも、前職の職務内容も細かく精査し、そのうえで、人柄や理念適合度合なども見て採用となるのでしょうか。

牛島　私の見てきた世界でいえば、後者です。そのために、多重面接をして複数の目でジャッジをしていますし、ＢＥＩ（行動観察型の構造化面接）を用いて、しっかり内面まで見たうえで、採否を決めます。

中島　そこは、牛島さんの見てきた世界観だと思います。都会にあり人気もある企業であれば、応募者が沢山集まるので、職務別のスポット採用でも、厳選採用ができる。そういう企業ではそれが可能なのでしょう。そうでない企業であれば、まず人が集まらないし、構造化面接を行えるスタッフもいません。となると、プロトコール的なものを備えていれば、まず採用を、となる気がします。アメリカの場合、採用して失敗だったとしても、やはり雇用終了はそれほど難しくないという安心感もあるので。

――ここまでをまとめさせていただきたいのですが。まずは、ギャップイヤーというのは日本の人が考えるようなものではないということ。お気楽な遊学をしていても、いつでも大企業が雇ってくれるほど甘くはない。そこは日本と変わらないのですね。

2つ目は、アメリカの新卒採用は、次世代人材の早期確保という面が強く、少数厳選採用だということ。

3つ目は、それ以外のスポット採用については、それほどこだわらず、表面上のスペックが整っていればいい、といえそうなところがあること。

4つ目は、ただ、そうはいっても、人気企業であれば、スポット採用にも多数応募者は集まるから、そうすると、表面上のスペックでは採用されず、細かな職務経歴や、人柄などを十分にチェックすること。こんな感じでよろしいでしょうか。

欧米には欧米の厳しさがある。木に竹を接ぐ策をするなかれ

――最後にお二方からまとめを、よろしくお願いいたします。

中島　企業活動がグローバル化したことと、インターネットによって世界中の情報が獲得しやすくなってきたことから、これまで海外に目を向けてこなかった日本の人事部門もようやく、目を海の向こうにやり出しました。また、こうした風潮によって、多くの人材ビジネスが欧米のＨＲＭ（人的資源管理）のコンセプトやツールを日本に紹介するような営業活動を展開しています。しかし、こんな「直輸入」のものを、そのまま日本の人事に取り入れようとすると、「木に竹を接ぐ」ことになりかねません。特に、欧米の一見して似たような制度を、日本との対比で捉え、「和魂洋才」とばかりに強引に日本流に置き換えるキメラ（異種ＤＮＡの混入）のような制度導入をすると、社員にとって不幸な結果をまねきます。アメリカの雇用体系や働く人の仕事や能力、そして置かれている環境は日本とは別世界であるということを常に念頭に置きながら理解しようとしなければならないでしょう。例えば、今日のテーマの「採用」に関し

ても、「Recruiting」と「採用」は訳せば同じ言葉だからといって、日本の文化や慣習の延長線上で捉えて、向こうのプラクティスだけを導入しようとしても無理が生じてしまうと思います。

人事部門も、彼我の違いをきちんと理解し、日本の制度の中に組み入れられるものとそうでないものを見分ける能力を身につけなければならない時期に来ていると言えるでしょう。

牛島 私はアメリカ企業とヨーロッパ企業で人事をやってきましたが、この経験を通じて、「欧米では多様性を重視するから、採用の際には日本のように学歴や経歴にこだわらない」というのは幻想のように思います。寧ろ、ある程度の規模とレベルの会社においては、熾烈な競争が繰り広げられます。有名な一流とされる大学院でMBAを取得して卒業する人達でも必死に良いインターンシップ先を探し、その後も採用してもらうために積極的にネットワーキングしています。この事実も、学歴・経歴を重要視することの証左でしょう。また、「欧米企業」というラベルで一括りにするのが難しいのも特徴ですね。我々日本人は何かにつけて物事をタイプごとに分類・定義したりステレオタイプ化するのが好きですが、企業の採用に対する位置づけや力の入れ方、採用に際しての基準の置き方にこそ、欧米ではかなり多様性があるのだと思います。

5章　日本型が変えねばならない本当の短所

§1 批判論者はどんな「明日」を描くのか

すべての国の雇用システムは一長一短。万全なものはない

前章までで、日本型新卒一括採用というものについて、その異様さを理解してもらえたと思う。未経験者を基礎学力と人物タイプだけで大量に採用する、という仕組みは、世界に類例は少ない。

欧米の採用は、エリート系の早期確保とノンエリート系の職務別採用が基本となる。エリートは相当少数の精鋭層となり日本の早慶レベルでは比肩《ひけん》することはできないだろう。企業は彼らの確保にはかなり力を入れて投資をする。既出のフランスのグランゼコール向けアプロンティサージュの例がその典型だろう。年間500万円も支払うインターンシップだ。アメリカのLP採用も、GPA3・8などの成績上位者を2年間企業が囲い込み、そこで切磋琢磨させる。

こうした上位層への早期アプローチとは別に、多くの一般学生は定型的で横にも上にも

キャリアパスが少ない職務にて、空きポストが出るごとに随時採用となる。欧州の場合、その多くが職業資格（ＲＮＣＰ）の保有者であることが前提で、その資格を取るために、低賃金でブラックな企業研修を長期間受ける。そして就業後は資格と資格の敷居に囲まれた中で、「籠の鳥」として暮らす。

アメリカの場合は、資格や敷居がない分、ある面日本的な自由さはあるが、さりとて、入社した万人にキャリアパスが開かれるのではなく、左右の空きポストを目指すなら、コミュニティカレッジ（公的自己啓発機関）などで腕を磨かなければならない。そうして技能アップした人はけっこう簡単に、空きポストを得ることはできるが、その分、簡単に首にもなる。就業と失業の壁もとても低いのがアメリカだ。

こんな感じでどこの国の雇用システムにも一長一短がある。今世に出ている日本型批判の多くは、「欧米型の悪いところを見ていない」ものや、「日本型の良い部分は世界共通」と誤解している節がある。ここではその状況を見ていきたい。

①「卒業後に採用すればいい」論の間違い

この話は、発言をしている本人は気づかないのだろうが、実は、日本型前提論なのだ。

なぜなら、彼らは卒業後に「日本型の新卒採用」をすればいい、といっているのだから。これはムシの良い話で絶対に成り立たないということに気づいてほしい。

繰り返すが、日本型では未経験者を大量に採用する。この方式であれば、職務経験も学業成果も不要で、企業の採用軸は、「人間性」と「基礎能力」だけに絞られる。とすると、採用はいくらでも前倒しが可能になる。だから、日本企業は採用を早期化してしまう。いつでも採れるのに、卒業後まで待っているわけなどない。

「通年採用すべし」や「自由化すべし」という意見もまったく同様だろう。すべて早期化に集約していく。採用早期化が進むと、学業阻害は著しくなる。教育界からすれば、自由化・通年化などは百害あって一利なしである。

②「職種別に新卒採用」論の問題

一括採用ではなく、職種別に「日本型採用」をすることを唱える人がいる。そうすれば、採用基準ももう少し明確になるからだ。ただ、それは、職種分けはするが、あくまでも、「未経験」「大量」採用を前提としている。都合のよい部分だけ日本型を残すという①の派生型といえよう。因みに、職種別と職務別の違いについては再説を控える。

確かに今でもエンジニアに関しては、職種別に限定的に採用を行っている企業は多い。だから、「職種別に未経験を大量採用する」論は一見成り立ちそうだ。

ところがここにもいくつか問題がある。

たとえば経理・人事・総務・営業・企画広宣・法務・SE・エンジニアと職種別に採用を分ける。まず、これだけたくさん職種があっても、企業の採用ニーズは圧倒的多数が営業に偏る。つまり、需要と供給が釣り合わない可能性が第一に高い。

続いては、「大学のどの学部でそれを教えてくれるか?」という問題だ。エンジニアなら、その知識・技能をしっかり教えてくれる学部が大学にある。しかし、人事・総務・営業は直結する学部がない。しかも、人事や総務はすそ野が広い。人事なら、労務・教育・採用・制度・組織設計・給与などに分かれる。大学の中には、たとえば年金法や労働法などほんの少々かする学問もないわけではないが、それを専攻していたから人事の仕事ができるとは到底言えないだろう。総務もしかり。

営業ならクレーム処理や場の盛り上げ方、ノルマのプレッシャー対策などが果たして大学教育で再現できるのか甚だ疑問だ。それこそ欧州並みの長期インターンシップが不可欠になるが、ただでさえ学生人気が低い営業職で、そんな苦難の道に進む学生はいるか?

経理は経営学部や商学部がかなり重なるが、これとて本気で実務を学ぶなら専門学校の方がはるかに適しているだろう。

残りの企画広宣や法務は確かに大学にもそれに近い専門がありそうだが、採用ニーズは本当に極小となる。大手企業でも年に1、2名も採用などないのではないか。

そして3つ目。これら内勤領域は、コンサルタントや士業など、社外に高いスペシャリティを持った人が多数いる。社員はこうした外部パートナーを指揮する立場となる。内製型のエンジニアとはそこが異なる。だから、内勤管理部門社員に求められるのは、ある程度の専門性にプラスして、社内調整を行う力、決まったことを社内に浸透させる力などとなるだろう。要は、ハイスペシャリティよりもジェネラリスト的な能力が問われる。だからやはり「人間性」が重視される。

4つ目は、「未経験」かつ「大量」の採用が行われるためには、社内で空いたポストを、パズルのように人を異動させ、最末端に寄せる、という機能が必要となる（93ページ参照）。ということは、人事権は企業がもち、駒のように配転するという点は、変わらない。そうして、同一職種内では「無限定」で隣の課や違う地域に異動し、徐々に難易度を上げて、上に昇っていく、というキャリアパスが必要となる。欧米の「決まった仕事を一生やる」ノンエリート型スペシャリストとは異なる。とすると、企業は、入口レベルの専門業務ができるよりも、縦横左右に職務を広げ、階段を上っていける人間が欲しくなる。けっきょく、職種別採用でも、簿記2級を持っている事務好きな暗いタイプよりも、数字に強くて協働や調整が苦にならない協調性の高い人物を採ることになるだろう。そう、職種別に「日本型採用」を行うのだから、やはり採用基準は「日本型」が色濃く現れることになる。

こうした理由で「職種別採用」も日本型を大きく変えるには至らない。

付言しておくが、理系の新採用も欧米と日本では大きく異なる。欧米とりわけ欧州企業は、想定職務が決まっておりその職務にぴったりな専攻の学生を採用する。だから同じ学部学科でも研究室が異なると採用されない。一方日本は、大体の専攻系統が合っていれば採用し、入社後にはかなり広い「専門内異動」を繰り返す。

③「日本型をすべてやめてしまえ」論の検証

一方、日本型を徹底的にやめてしまえ、という話はそれなりに筋が通っている。

彼らがその後に描く「雇用方式」はどんなものになるのか。パッケージで考えると以下のようになるだろう。

・職務別に採用をする。
・空きポストに応じて、その能力にふさわしい人を採用する。
・若年者はポスト相応の能力を獲得するために交互教育（職業訓練＋企業実習）を受ける。

私はこの方式を全否定はしない。確かに経路は明確になり、無業者も職業訓練を受ければ、ある一定のレベルにまで救い上げることは可能となる。

ただし、職務別に空席を埋める形の採用がなぜ可能なのか、もう一度考えてみよう。まず、雇用形態は「決められた仕事をする（ジョブ型雇用）」になる。それ以外の仕事に異動することは「本人の同意がない限り」できない。末端にいる何百何千の社員がこの状態だと、企業は彼らの成長を考えて、横や縦に動かすことができない。「専門で生きていくのだから横に広げる必要など別にない」と思うのは浅はかだ。

経理で考えても、事務処理から入って、支店会計、本社に戻って本社会計、財務会計を一通り覚えたら、管理会計、その後はＩＲ（投資家向け広報）とステップを踏まなければ上級者にはなれないだろう。

企業の人事権が弱い職務別雇用の場合、前任職をどかしてまで、若年者にこうしたポストを次々用意することは難しい。だから精鋭のエリートにのみ手厚く、その他多数は個別ポジションに安住という形になってしまうのだ。結果、給与も職位も上がらない大多数の人間と、猛スピードで上を目指すエリート層とに分かれる。

ただし、この形の社会は、説明力に富む。何をどうやれば採用されるのか、何ができれば上位ポストに任用されるのか、が明快だ。

しかも、上を目指すなら死ぬほど働き、出世しないならワークライフバランスが充実と、生活設計もわかり易い。その点はすばらしい。

対して、日本型には「誰もが階段を上れそうな夢」がある。その分、誰もに長時間労働が待っている。しかも入り口は「肌合い」という見えにくい基準だ。

こう比べると欧米型も魅力的だが、ただ、多くの日本人および日本企業は未だに、日本型への執着が強いのではないか。

・一生同じ仕事で給与も上がらないことに労働者が耐えられるか？

・一部のエリートにのみ特権的な待遇を与えることを、許せるか？
・何年経っても同じ仕事をしている社員を経営者が許せるか？

このどれも、「Ｎｏ」と答える人が多いだろう。だから欧米型では「心」がついて来ない。

一部の教育学者や雇用研究者はここまでの違いを理解したうえで、あえてアンチ日本を問いかけている。その説には耳を傾ける必要はあるが、まだ実現には時間はかかりそうだ。

現状の中での最善策

結局、①②は都合のよい部分だけ日本型を残すというムシの良い話であり、それを残す限り成り立たないという二律背反的な話となる。③に関しては確かに成り立つのだが、そこまで日本人の心がついていけるのか、という大きな問題が残る。

とすると現状の社会システムの中で、有効な手を打つしかないのではないか。

§2　日本型の本当の短所とその補足策を考える

「肌合い型採用」で、肌合いが合わせられない問題

新卒一括採用とは、要は企業も学生も「肌合い」の合うところに落ち着けば、あとは、中で育てるから、という仕組みだろう。仮に入社後に、ミスマッチが発覚したとしても、異動により「上司」「顧客（地域）」「事業部（商品）」「職務（仕事）」などは調整して、適所を探せる。だから大丈夫にできている。

逆に言うと、「肌合い合わせ」と「入社後の調整」の2機能がそろわない企業にとっては、問題が大きすぎるのだ。それはとりもなおさず、規模の小さい企業となる。

まず、応募者が少ないから、「肌合いの合う学生」を選べない。そして入社後に部署もポストもたくさんはないから、配転による「調整」もできない。結果、企業規模が小さくなると早期離職率が高まっていく。こうした点は、企業にとっても、そこに入る学生にとっても、決して日本型の新卒一括採用はありがたいものではないだろう。

163ページに書いた通り、中小企業に限って言えば、既卒者でも正社員になることは

それほど難しくはない（**図表㉙**）。だから従来のように「なれない」ということを問題にするよりも、「なれたとしても続かない」方が大きな問題なのだ。それは、新卒だろうが既卒だろうが、中小企業すべてが抱える課題だ。

ここに改善策が必要となるだろう。

日本型の欠点を補うヒントはすでに多々ある

中小企業と学生の肌合い合わせを行うのに、効果的な方法がある。それは、事前にある程度の期間働いて、それから採否・入社を決める、というものだ。

公的な施策で、すでにこうした仕組みをいくつか実施し、成功した事例がある。

たとえば、165ページに参照した厚生労働省の3年以内既卒者トライアル雇用事業があげられる。これは正社員経験のない既卒3年以内の人を3か月間試行雇用し、その後に企業と本人に継続雇用に入るかどうかを決めてもらうシステムだ。こちらでは2011年度のみで6万3000人以上がトライアル雇用され、そのうち5万1000人強が正規雇用に移行している。大卒新卒無業者が毎年7万〜10万人という中で、単年度でこの数字はなかなかだろう。

一方、経済産業省中小企業庁が行った新卒就職応援プロジェクトは、「働いてから採否・入社を決める」という仕組みを在学中に行っている。卒業前に6か月間企業実習し、採否・入社を決めるものだ。こちらは、2010年度で8000件の企業実習が実施され、3000名以上が入社に至ったという。

トライアルジョブ・カードという新手法

こうした「働いてから採否・入社を決める」という公的支援策を、なんとか常設化できないか。同じような若年失業者対策として存在するジョブ・カード事業と連結することで、それはもっと効果的に進められるのではないかというのが、私の考えだ。

ジョブ・カードとは、職業経験の少ない若年失業者に対して、就労の機会を与え、そこで経験した内容や身に付けたスキルなどを記録していく形で、キャリア形成を促す日本型の交互教育支援策だ。これとトライアル雇用を結びつけるとこんな形になる。

・当初3か月までは、試行雇用として働き、その後、採否・入社を決める。
・不採用の場合、非正規での雇用延長は認めない（長期非正規化の恐れがあるため）。

・その間に携わった仕事、勤怠状況などを企業は記録をする。それにより、試行期間の給与が助成される。
・試行期間は職業訓練ということになるため、何社か経験を積んでもそれは「転職回数」とはならない（多くの日本企業は転職を頻繁にする人を好まないため）。

と、こんな仕組みを作るのはどうだろうか。たとえばこの仕組みの賃金は各地の最低時給の5割増しとし、その5割分を国・地方が助成すれば、企業からすると最低賃金で若者を試験雇用でき、就業者からすれば、そこそこの高給与のため参加者が増えるだろう。派遣会社が使うウェブ・タイムカードなどを用い、労働時間管理・給与支払い・社会保険料計算などを公共が代行して、助成金額を引いて、企業に翌月請求する形にすれば、利用企業の便宜も高まり、好評を博すのではないか。

日本社会に必要なのは、「大学4年後期」の肌合い合わせインターンシップ

既述した厚労省・経産省の行った過去の試行雇用はいずれも、求職者側は「1社」、企業側は「1名」しか見ることができなかった。贅沢を言うなら、複数社を体験して（＝複数の候補者を見て）、他との比較検討ができる形にした方がさらに良いだろう。

そんな夢のような仕組みをスタートさせたのが埼玉県の「わかもの仕事チャレンジ事業」だ。

こちらはサービスが徹底している。まずは既卒5年以内の既卒未就業者に、挨拶や礼儀、マナーといった仕事の基礎などの導入教育を行う。続いて業界、職種研究、さらには紹介先企業の職場見学まで施し、その後に希望先企業で実習することになる。実習期間はトータル3か月だが、この間に最大3社にまで勤務できる。具体的には1社で2週間働いてもらい、双方の相性を見て、ＯＫだったらそのまま、本人か企業のどちらかがＯＫの場合はさらに2週間延長。双方ともＮＧだった場合、次を紹介する。2社目でも同じように駄目だったら、3社目を紹介する。こうして3社のお試し勤務を可能にしている。期間内でも終了後でも、お互いの意向が合えばめでたく正社員として就職が成立する、というものだ。

こんな仕組みを大学のカリキュラムに入れてしまうのはどうか。

大学4年の後期に、就職未決定者は、5社くらいに就業体験し、そこから選んで就職する。最初の2週間、埼玉県の事業のように導入教育や候補先企業見学などをしたとしても、3か月あれば十分だろう。とすれば実施時期は冬休み以降で間に合う。

図表㉞　日・欧のインターンシップの違い

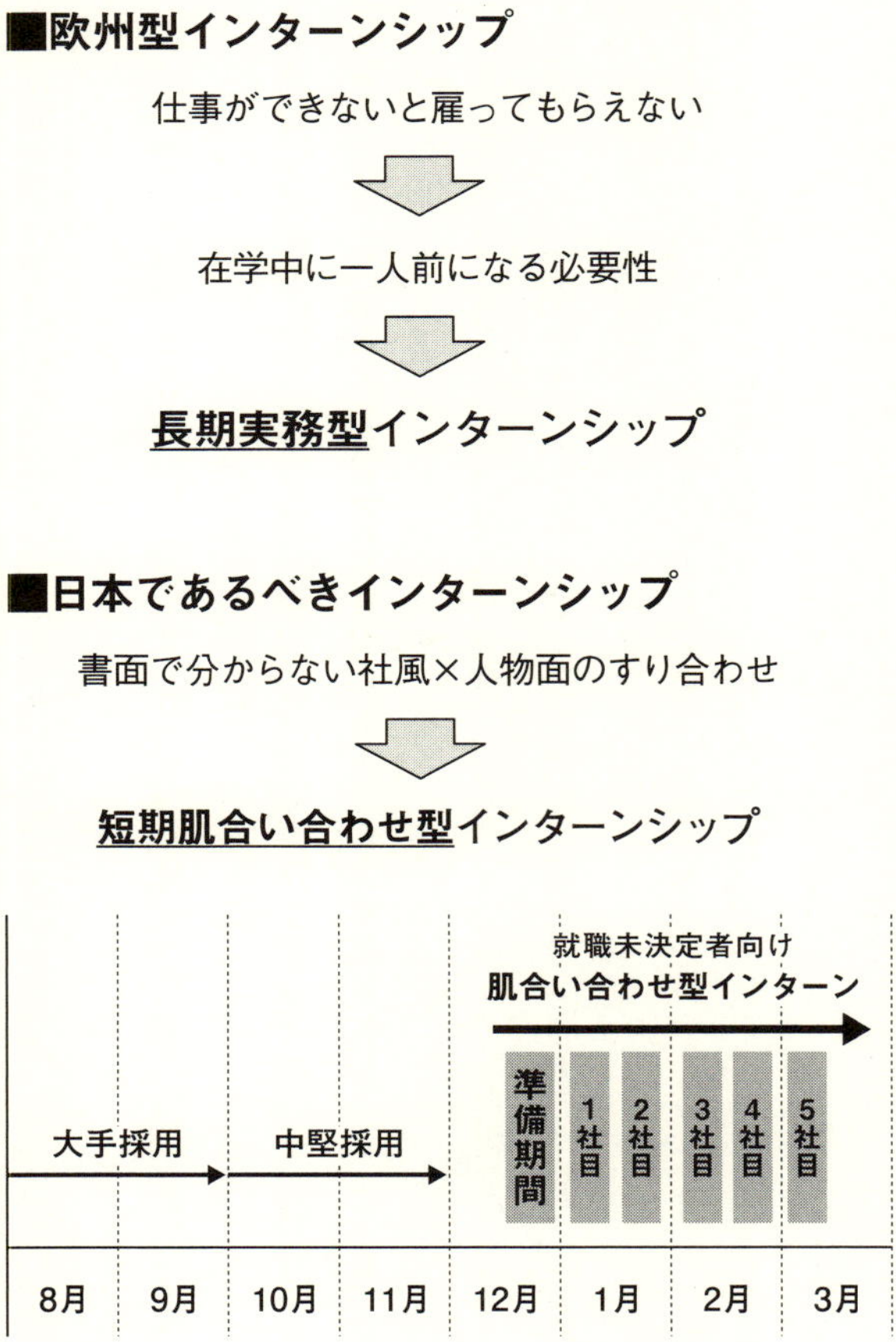
■欧州型インターンシップ
仕事ができないと雇ってもらえない
在学中に一人前になる必要性
長期実務型インターンシップ
■日本であるべきインターンシップ
書面で分からない社風×人物面のすり合わせ
短期肌合い合わせ型インターンシップ
4年次
大手採用
中堅採用
就職未決定者向け
肌合い合わせ型インターン
準備期間
1社目
2社目
3社目
4社目
5社目
8月
9月
10月
11月
12月
1月
2月
3月

こんな仕組みが出来上がれば、中小企業は就職ナビにお金など投じなくとも、学生が採用できるようになる。喜ばれること請け合いだろう。4年次後期にこうした支援策があるのであれば、就活開始時期は一気に繰り下げて、10月解禁ルールにすることも可能だろう。

そう、日本に必要なのは、腕を磨くための欧州型企業実習ではなく、肌合い合わせのためのこんなインターンシップではないか（**図表㉞**）。

安芸高田市型「地域人材育成コンソーシアム」で他社にローテーション

最後に、それでも入社後にミスマッチが発覚してしまった場合はどうするか。中小企業では社内異動によりそれが解消できない。

こちらも、公的施策に良い事例がある。広島県安芸高田市が行っている「地域人材育成コンソーシアム」事業だ。

大手企業は入社後のミスマッチを「社内異動」で解消する。「上司」「顧客」「事業部」「職務」を異動でシャッフルして適所に導く。中小企業は組織が小さいために「合わない」場合のシャッフルができない。この問題を解決するために、「社外への異動」をできるように志向したのが、安芸高田市のコンソーシアム事業なのだ。

安芸高田市役所・同工業会・同商工会などが音頭を取り、地域内にある中小企業を「大企業の各部署」に見立て、職歴開発やミスマッチ解消のために「ローテーション」ができるようにすることを事業目的の1つに掲げている。

要は、1社では中小企業でも、地域全体で集まれば、大企業と同じことができる、というわけだ。商工会議所、中小企業家同友会、青年会議所、経営者協会など地方には経済団体が多数ある。彼らが「地域の人事部」を標榜し、安芸高田市と同じことを志向してみてはいかがだろうか。

そして徹底的なブラック対策

もう1つ日本型の宿命ともいえる問題がある。それは「ブラック企業」だ。

日本の職務環境はアメーバのようにいつでも形を変え得る。しかもそのイニシアティブは、企業側が握っている。さらにいうと、タテマエ上「青天井」で誰でもどこまでも上り詰めることができると謳っている。

この「企業が強権を持ち、ニンジンをぶら下げている状態」を悪用すれば、すぐにそれはブラックになる。だから、日本にはブラック労働がはびこる。

ということは、日本型雇用で得をする企業は、この仕組みを維持健全化するために、ブラック撲滅に力をいれなければならない宿命を持つことにもなるだろう。それが、受益者応分負担の原理だ。

ブラック企業には、いくつか種類がある。

まずは、「絶対的ブラック」。日本型雇用を悪用して確信犯的に若者を使い捨てるタイプのブラック企業。

2つ目が「不作為のブラック」。日本型度合の強い大手企業に見られるタイプで、過去の慣習や男性モノカルチャーな意思決定システムから、気づかぬうちに起きるブラックだ。

そして最後が、「相対的ブラック」。こちらは、前述の中小企業によくあるミスマッチが原因のものだ。長らく働いている人にとってはホワイトなのに、新入りは肌合いが合わずブラックとなってしまう。

このどれもがなくさねばならないことだ。大手企業は、まずは自社にありがちな「不作為のブラック」をただし、日本型悪用者たる「絶対的ブラック」取り締まりに協力し、日本型の弊害でもある「相対的ブラック」解消のために資金提供などを惜しまない姿勢を示すべきと考えている。

コラム　識者に聞く⑤　就活支援のプロの目

辻田祐純氏（崇城大学　総合教育センター　教授）

辻田教授は、就職問題懇談会の最終報告会（2013年12月19日「学生の就職・採用活動時期の変更に関する担当者説明会」）にて、採用活動開始日の後ろ倒しの決定について、質問の声を上げた方である。その報告会に出席された教職員の方々から、「辻田さんがよいことを言ってくれた」「私の思いを代弁してくれた」という声が私のもとにも届き、教授の名前を知った。

――報告会の場で、敢然と質問をしていた雄姿を覚えていらっしゃる方が多々おりましたが。

辻田　あの発言は、時期をもとに戻せ、ということが主題であったわけではありません。確かに8月選考開始ということは問題をはらんでいますが、それよりも、もっと言いたかったことがあります。今の学生の学業環境を取り巻く問題は複雑です。それは、就活の時期の早い遅いなどということでは、決して解決できないことだと思っております。にもかかわらず、問題を全体視せず、就活時期に焦点を当てて矮小化してしまうことが、一番の問題だと、手を挙げたわけです。

――その主題に移る前に、まずは、就活時期についての実務的なお話から伺わせてください。

私もいくつかの大学で教員をしてきましたが、就活では、一部早く動く人がいますが、多くの学生は、のんびりしています。見ていて焦るくらいなのですが。

辻田　確かにその通りです。後ろ倒しになる前の頃でも、3年冬休み時点ではまだ活動を始めていない人が圧倒的多数でしたね。解禁後でもなかなか動かない人は多数いる。解禁から相当たった夏休み時点でもけっこう動いていない人は多い気がします。一部の早期に動く人と、腰が重い人にいつでも二分化されているのが現実でしょう。

――その、早期に動く人とそうでない人の割合はどのような感じでしょうか。

辻田　それは、大学によって異なる気がしています。偏差値が高い学生が多い大学では早期行動派がそこそこ多くなり、そうではない大学では少ないという感じですね。それでも、高偏差値大学でも、早期行動派が多数とは言えない気がします。

――それでも、後ろ倒しを主張された人たちの意見を聞くと、「3年秋からもう授業が成り立たない」というような話が出てまいります。

辻田　確かに、8月選考開始になった学年からは夏ごろから1dayインターンシップという名の実質的には会社説明会が始まりますね。このあたりから、ゼミや授業に出ない学生が、「インターンだから公欠にしてほしい」と多々現れ出すのです。まじめな教員からは、『どうしたらよいだろう』という問い合わせを受けたりしました。そうした時は『それを口実にして休む学生がいるから』しっかり企業から証明書なりをとってきてもらうよう進言しています。1dayインターンシップという名で企業が早期接触することも問題ですが、それが、サボタージュの口実になってしまっていることも大きな問題だと思います。

——続いて伺いたいのは、そもそも就活は学業以外の時間でできることが多いはずです。バイトやサークルや趣味や恋愛の時間が多くあるのだから、そうした時間を工面すれば、学業阻害は起きないのではないでしょうか。

辻田　逆に、学業以外の時間は削らず、学業の方を削ってしまうんでしょう。だから、そこを変えなければ意味がないのです。大学生協が集計している「(第51回)学生生活実態調査」によると1日のうち、授業に関する勉強に費やす時間は55分。一方、スマホの利用は2時間半を超えています。つまり、彼らの中では、学業よりもスマホの方が生活の中ではるかに大きな存在となっている。こんな状況で就活を遅らせると、遅らせたらその分、スマホの時間が増えるだけではないでしょうか。だから私は、就活時期の問題も良いけれど、それより、どうやったら学生が学習時間を確保するのか、そちらの施策をきっちりやるべきだと、主張したのです。

——確かに、就活を熱心にする学生ほど、勉強も熱心にしている印象があります。つまり、就活と勉強は相反要因ではない気がしますが。

辻田　ちょうど面白いデータがあるのです。今おっしゃったことを生活時間調査から再分析したものです。学生を全部で4つのタイプに分けています。1つ目は、勉強熱心。2つ目が、勉強はあまりしないがサークルや恋愛などに活動的。3つ目が資格や公務員試験などを目指す人。そして4つ目が熱心なものが何もない人。彼らの就職状況を見ると、第1志望に受かっているのが「勉強熱心」、第1志望ではないがそこそこの企業に受かっているのが「サークルや恋愛などに活動的」、そして、就職がうまくいかないのが「熱心なものが何もない」。これを見る限り、勉強熱心＝就活でもうまく行く、というのは確かにその通りですね。そして、勉強をしない人は、「もともとサークルや恋愛が忙しい」「何事にも関心がない」という理由の方が大きいように見て取れます。

——それは興味深いデータです。私たちの時代も、理系はともあれ、文系は勉強などしない人が今以上に多かった。ただ、何事にも無関心で就活までもしない、という学生はそんなにいなかったのではないでしょうか。

辻田　社会構造の変化があって、かつて高校を出たら社会が受け入れてくれたタイプの人たちが、大学に行かざるを得なくなってきたということでしょうね。そうだとすると、大学生活にも就活にも興味がわかないと思うのです。それは、彼らが悪いのではなく、社会が変わったことが問題でしょう。そこを考慮したうえで、しっかり対策を打たないと。

——確かに。昔は、自営業や農業や建設や工業などさまざまな仕事があり、受け入れてくれま

した。それがなくなったから、現在は彼らを大学が受け入れたのでしょうね。

辻田　ここ20年で大学は、かなり変わっています。私はもともと理系の教員ですが、本学の学生には、高校の基礎数学から勉強を教えます。理系だから多くの教員が高校数学は教えられる。だから総動員で、数Iから始めます。それで微積分あたりまではわからないといけないので、やります。物理もそうです。一方で、学校に溶け込めない生徒もいる。彼らには大学に来るようにと、5人1組のアクティブラーニングで課題をやらせながら、仲間を作り、居場所を見つけてもらうことからやっています。こんな感じで変わっているのです。

社会構造が変わり、多くの人が大学に行かざるを得ない状況になった。その分、大学が高校や中学の補習もしなければならない。これは、就活時期の問題などでは決して解決しないでしょう。もう、企業と教育界に責任を押し付けている場合ではありません。国や地域や社会全体でもっと広く解決策を考えてほしいのです。就職問題懇談会の報告会で私が質問した趣旨はそういうことでした。

§3　就活が変わったら、学生は本当に勉強をするか？

大学教育のジレンマ

日本の大学は大変な環境にあることをご存じだろうか？

222ページより登場いただいた辻田教授、もしくは175ページより登場いただいた就職問題懇談会座長の吉岡総長（立教大学）のインタビューを再読いただきたい。

大学は学問を教えるだけの場ではなく、人間教育全体を受け持ち、ともすると、初等中等教育にさかのぼって補習まで行っている。かつてのような、「アカデミズムの府」として高度な専門教育を専らとするような機関とは様変わりしている。

どうしてそこまで変わらざるを得なかったのか？

「少子化と大学数の増加で、学校経営が難しくなり、かつて大学進学しなかった層にまで大学は生徒募集のウイングを広げねばならなくなったから」という理由では完全な解答とはいえない。そこにはもう1つ、産業構造の変化という理由がある。

かつてなら、自営業、農林水産業、建設業、製造業、事務、流通小売業という雇用の受け皿があった。現在ではそれが小さくしぼんでいる。その結果、高卒で就職することが非常に厳しくなった。この30年で高卒求人はかつての1～2割にまで減少したのだ。

こうしてかつてなら大学に行かなくても安定的に働ける仕事があった社会が、大きく変容した。高卒や短大卒で仕事がないから、皆が大学に行く。

大学はそういうニーズに応えられるように、方針を変え、シラバスに工夫を凝らしている。

学校に出てこない学生にモーニングコールをかけ、集団生活になじめない学生向けにグループワークを取り入れ、専攻に必要な基礎学力を初等教育レベルからやり直し、就職先企業の開拓まで行い……。さらには、講義内容について学生からアンケートを取ってその良し悪しを教授に伝え、父母向けに生徒の学業状態を毎期報告し……。

今の大人たちが知らないようなサービスを充実させているのだ。

こんな形で、変わろうとしている中で、せっかく出来上がりつつあるシラバスが、就活で中折れしてしまう。そのことに、教育界はいらだっているのだろう。

欧米は二極化する大学

こんな悩み多き大学環境を知らずに、安易に欧米の大学の良さを強調する人たちがいる。なぜ、欧米ではしっかりとした教育が成り立つのに、日本はそれができないのか。こうした批判も、欧米と日本の大学経営の本質的な違いを考えずになされていることが多い。

たとえば欧州では、3章の夏目教授と五十畑准教授の対談や同章§4に書いた通り、幼少期から大学に行く人とそうでない人を、半強制的にコース分岐させていく。平たく言えば、学業成績と学習態度により、レッテルが貼られて職業が決まり、大学からは弾かれることになるわけだ。

そのため、仏・独では大学進学率は日本以下であり、しかも、大学の中でも「職業課程」に再分岐するため、日本的なアカデミズムコースに通える人間はさらに少なくなる。その上、中退率が高いので、大卒者はさらに減る。

英米は少し趣が異なり、大学進学率は日本より高い。ただし、4章の中島教授と牛島氏の対談にもみられるように、社会人がパートタイム学生となって、職務に必要な知識をつけるために再入学しているケースがかなり多い。そのため、大卒者比率は日本よりも低い

（図表㉟）。

まず、こうした社会構造の違いがある。

スリープライス制で広く厚くサービスを迫られる日本の大学

続いて、大学の収入面からも大きな違いがあることを見ておこう。

まず、欧州では、大学は原則として公立で授業料は無料（もしくは非常に低額）という国が多い。そしてグランゼコールに代表されるような一部超エリート校のみ、少数精鋭で年額300万〜500万円という超高額な授業料をとる。

この構造は米国も実はよく似ている。市立大・州立大などは該当圏内の出身学生はとても安く修学ができる（圏外の人は高い）。一方、ハーバードやスタンフォードなどはグランゼコールにも劣らない授業料をとり、やはり少数精鋭で経営される。

こうした形だと大学は学生に対して強くコントロールができるのだ。

まず何より授業料無料の公立大学では、学生たちに対しては、生徒の態度・成績でいつでも「退学」を宣告できる。日本の多くの大学は、生徒の授業料で成り立つから、それができない。だから厳しさを増せないという宿命にある（図表㊱）。

図表㉟　進学率データの読み方

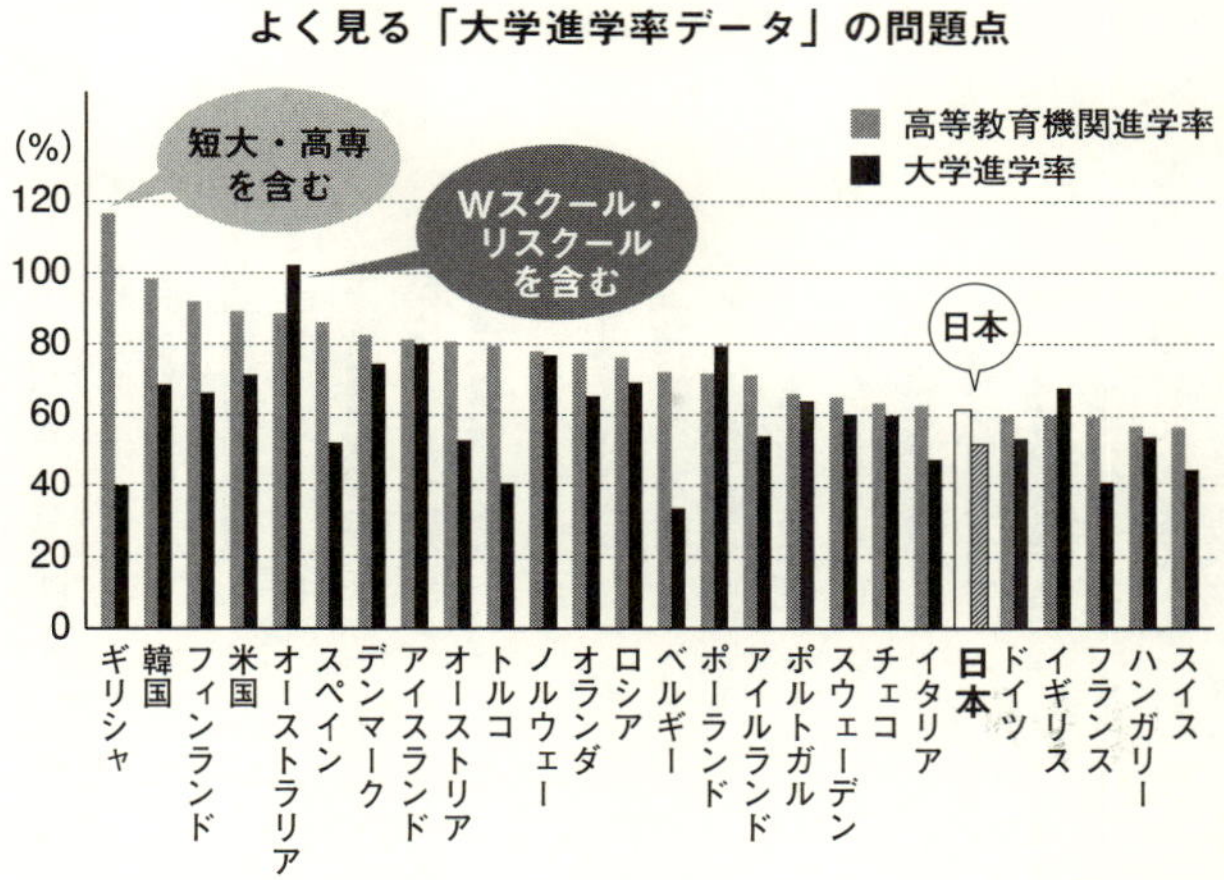

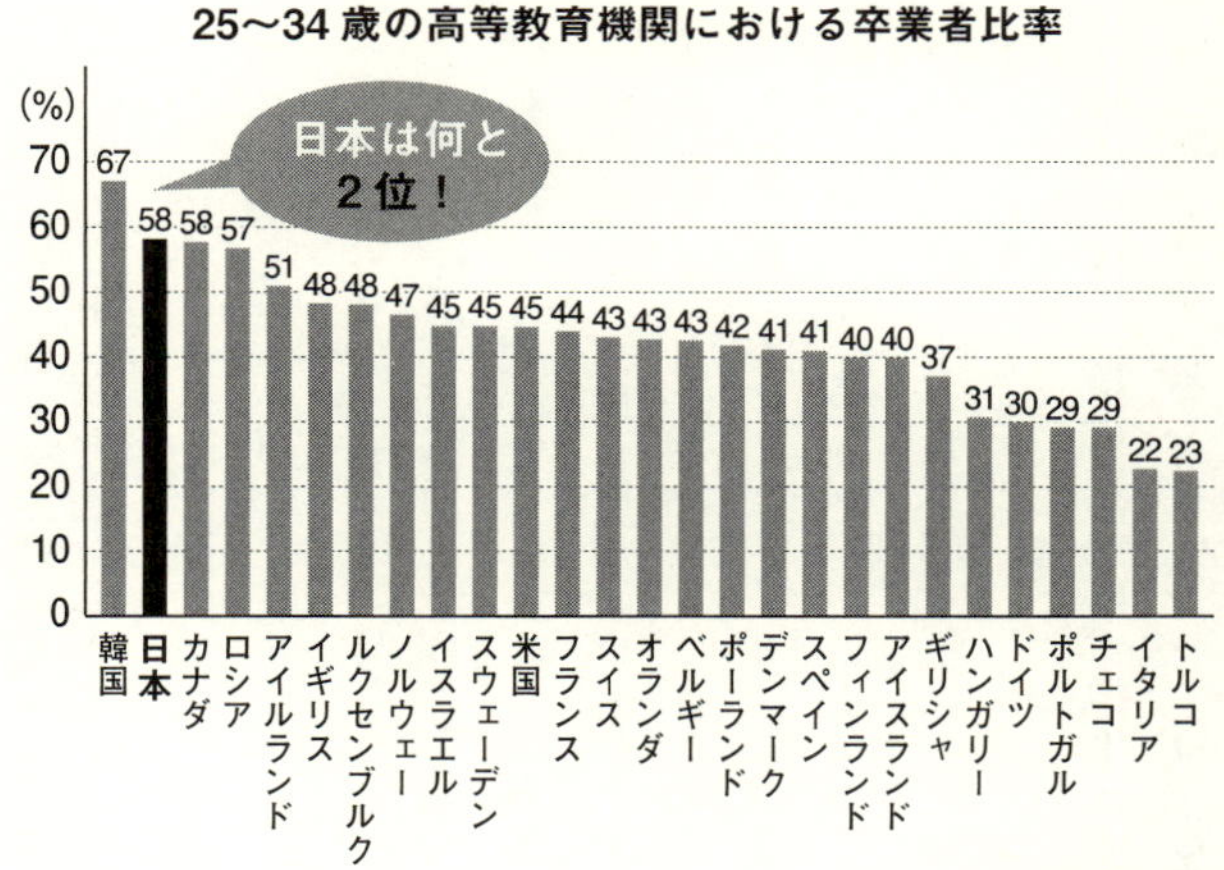

2013年OECD資料より

図表㊱　卒業しやすい日本の大学

入学者に対する卒業者の割合

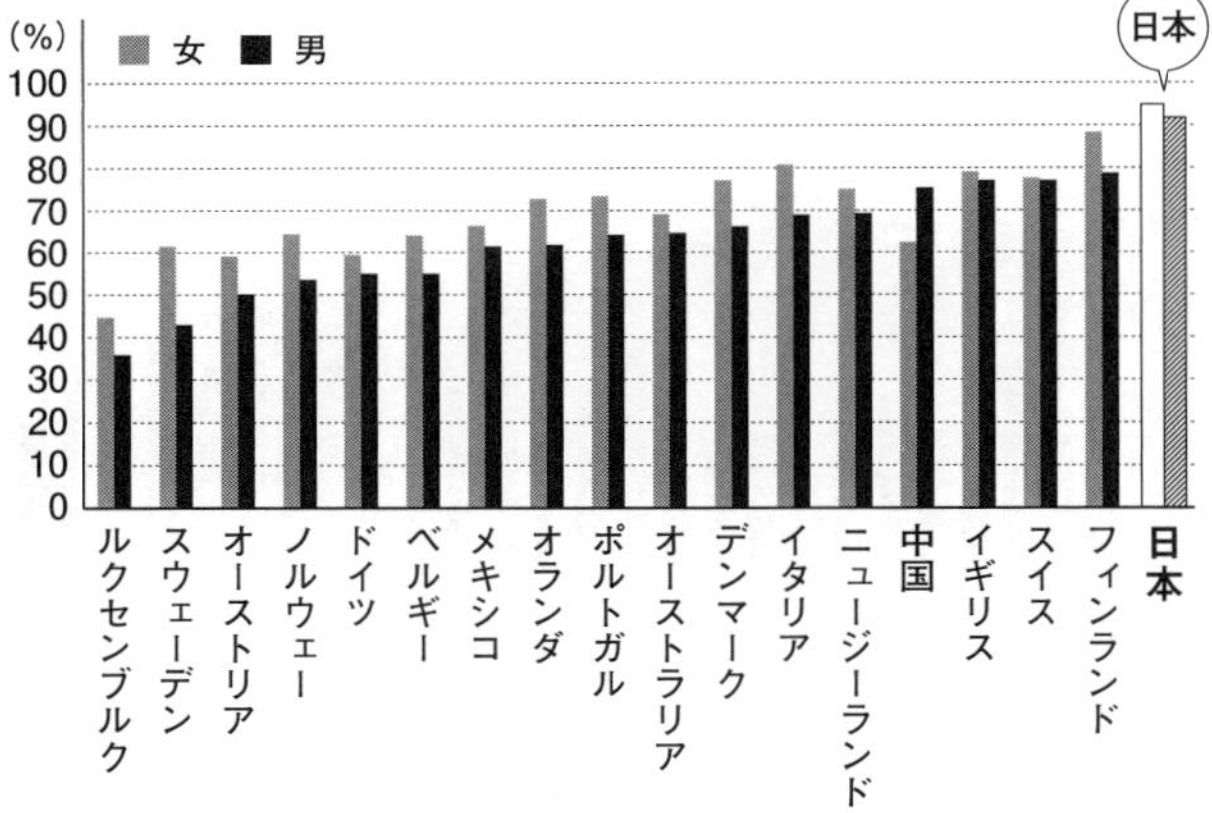

（卒業数÷入学数）2013 年 OECD データより
2013 年比較※アメリカ・フランス・韓国などはデータに欠損があり把握不可

一方、超高額で精鋭教育をする上位校は、少数で潤沢な資金があるために、それこそハイレベルな教育を徹底して行える。企業側もこれだけ少数で志向も明確でバッチリ英才教育された学生だと、すぐにでも採用したい。だから、寄付や支援を申し出る。結果、ますます資金的に余裕は増し、連携講座が設けられ、教育メニューも充実する。

日本のように、大学の年間学費は偏差値の上下に関係なく、私立大医歯系を除けば私立理系100万円、私立文系70万円、国公立50万円の事実上スリープライス制でできている社会では、学生への手厚いサービスも、厳しいコントロールも

図表㊲　定員と学費にみる日・欧米の大学比較

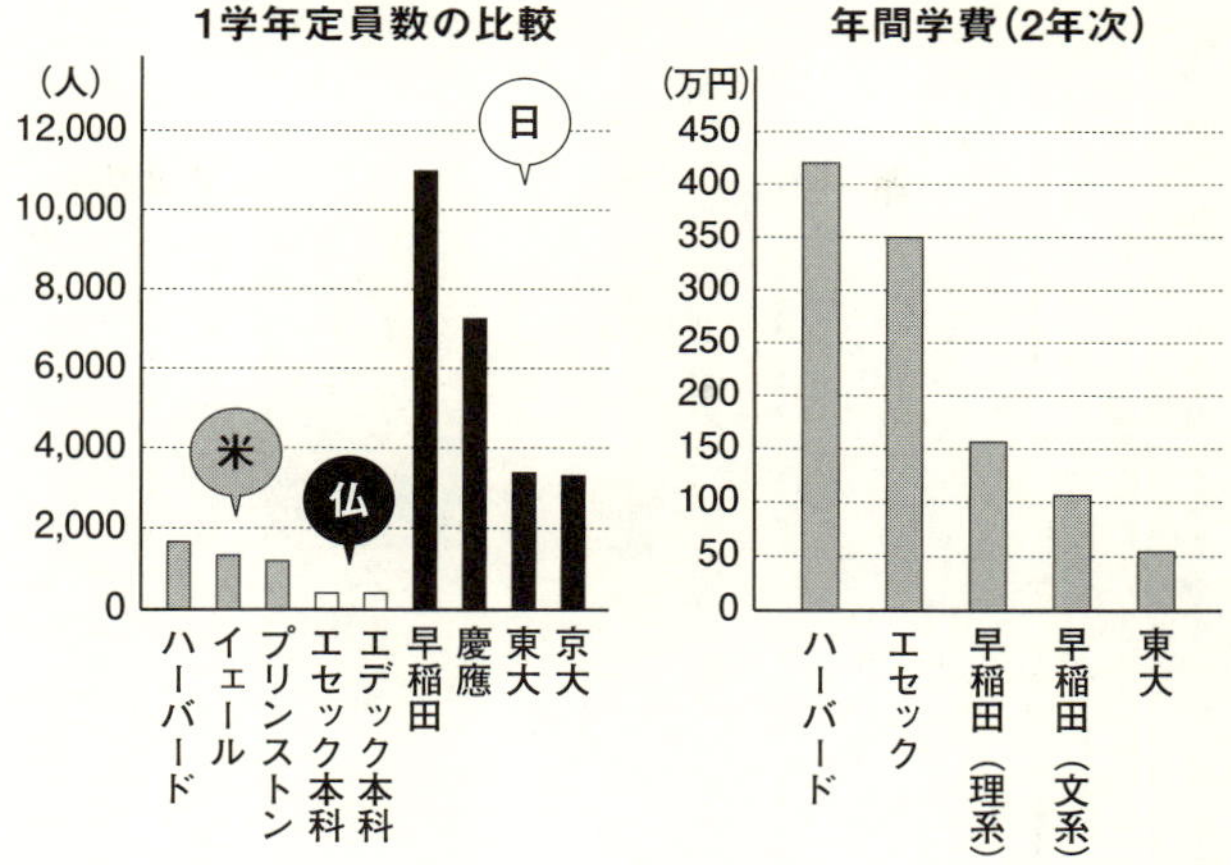

無理なのだ（図表㊲）。

こうした手足が縛られた状態で、かつては大学に行かなかった層の学生を大量に受け入れる。だから大学の苦悩は大きい。それは前出の辻田教授が言う通り、「就活時期の問題などではない」のだろう。

この複雑な問題が絡み合う大学教育に対して、処方箋を少し考えてみる。

「大学に行かせない」欧州型よりも、「両方いいとこどり」の日本型

日本の社会には、欧州のように幼少期から成績により職業コースへ追いやるような、「早く答えを出してしまう」仕組みはなかなか作れないだろう。ただ、大学を出るま

でキャリアの絵図もなく、社会人となって右往左往するという日本型もこのままでは良くない。

その帳尻を合わせるような、「答えを出さずに」「絵図も描ける」仕組みを考えてみたい。それは、新しい「専門高校」のあり方がヒントになる。

まず、以下は全国の種別にみた現在の専門高校の数だ（2015年5月現在、文部科学省「学校基本統計」）。

種別（高校）	校数	学生数
農業	309校	8万3040名
工業	537校	25万4524名
商業	636校	20万2308名
家政	277校	4万2230名
水産	42校	9193名

いまだに、農業・水産・工業という衰退著しい分野に多数の高校が設置され続けている。

商業高校とて、相当な衣替えが必要だろう。一方で、現在の社会ニーズに合っているIT技術を学ぶ情報系の高等学校はたった28校（3130名）しかない。水産高校よりもはるかにすくない。高齢化社会に必須な介護・福祉系は98校で9645名、看護は94校1万4756名。両方足しても家政系に遠く及ばない。ため息が出そうなくらいアナクロな状態だ。

IT、Web、CAD、グラフィックデザイン、語学、介護、各種療法士、こんな現代流の専門高校があったら。栄養士、調理師、保育士や理容師・美容師・ホテルなども専門高校でその礎を磨けるだろう。演劇やダンス、音楽に美術なども現代社会には必要だし、被服デザインや縫製は家政系から独立させて、男性への敷居を低くすればいい。商業高校も抜本的に再編して、年金や給与計算などの実務や、通訳・翻訳、プレゼンテーション、そして各種書士の資格習得を旨とする。

こんな形で、まずは専門高校の教科構成を現代のニーズに合うように変えることが重要だろう。

そうすれば、「皆が大学に行くしかない」という状態は少し変わるはずだ。

ただし、そこは日本だ。欧州のように、学業成績によって「こっちに行きなさい」と強制することは難しい。

ならばどうするか？

「面白そうで就職にも困らない」専門技術を学んでも、そのあとに普通大学に行くこともできるような「結論を出さなくてもいい」仕組みを徹底して作ればいい。

実は、すでにもうそれが「総合高校×単位制高校」という形で実現している。

定時制なのに東大・早慶合格者が多数。女優や小説家、棋士までも

少し用語を説明しておこう。

総合高校とは、商業・工業・農業……といった旧来型の専門高校を統合・改編し、現代的なカリキュラム編成に変えたものだ。統合時の専門課程を引き継ぎ、そこに現代的な科目を追加する。多くの場合、普通科を併設するか、普通科並の進学向け科目を用意してもいる。

一方、単位制高校とは、学年型の固定プログラムではなく、卒業に必要な単位を、本人の選択により自由に設計して組み合わせられる仕組み。

この2つが重ね合わされた高校は、複数の専門課程の中から、自分に必要な科目を美味しくつまみ食いし、今日的な専門技能を磨きながらも、上位私大の入試に必要な英社国をしっかり学んで、進学することが当たり前にできる。そう、日本の私立はトップ校といえども、大学入試にたった2科目か3科目しか必要がない。欧米の一流校とは全く異なる簡単な選抜システムだからこそ可能な、技能と進学の両立だろう。これこそ実に日本にあった仕組みといえる。

この総合高校×単位制高校の好事例として、都立新宿山吹高校を挙げておく。

同校は、1991年4月に開校した都内初の単位制高校である。3年以上6年以内に、自分で決めたペースで74単位を取得すればいい。もちろん、現代ニーズの高い情報科も設置されている（都内唯一）。

この高校は究極の自由を実現するために、もう1つの特徴がある。それが「定時制」高校ということだ。あれ？　昼間はないの？と早合点しないで欲しい。定時制といっても夜間高校ではなく、昼夜開講制で、要は「いつでも授業が受けられる」のだ。授業は朝8時40分から始める1時間目から、夜の9時10分に終わる12時間目まで、この中から選択が可能。科目は高校の学習指導要領に記載された内容がほぼすべて揃う。そのうち、省令が定める必修科目さえ修得すれば、あとは自分の好きなカリキュラムが組める。必修科目は数学でいえば数学Ⅰ、国語でいえば国語総合のみ。それぞれ4単位だ。それだけ取れば、数学と国語に関する限り、高校卒業の資格が得られる。文科省はわれわれの想像以上に、カリキュラム編成を自由にしているのだ。

「必修科目を1年目ですべて取ってしまい、2年目以降は大学受験に直結する科目と、受験には関係ないけれど、将来就きたい仕事に関係のある科目を選ぶという履修ができるのです」と同校校長の梶山隆氏は話す。

定時制の専門科目は情報科の科目と、家政系のファッション造形基礎、フードデザインがある。通信制にはビジネス基礎、マーケティングなどもある。

情報科の科目は23科目で、プログラムやデータベース作成に関わるシステム系と、CGやWebデザインに関わるコンテンツ系に分かれる。全部で4つあるパソコン教室を使い、卒業までに「専門学校1年の課程」までの内容を学べるそうだ。

2014年卒の定時制卒業生133名のうち、60名が大学、3名が短大、20名が専門学校に進学した。東大、千葉大、電通大といった国公立から、早稲田、慶應、上智といった難関私立大学への進学も多い。定時制のため時間に融通が利くので、芸能活動をしたり、棋院に通ったりする生徒もいる。卒業生のなかに著名な作家や女優がいるのも、うなずける。

欧州のように、幼少期から結論を出して職業コースに送る、という仕組みではなく、専門高校と普通高校の「つまみぐい」型で、いろいろな保険をかけられるようにするのが、日本社会にふさわしい答えではないか。

後付け型グランゼコール

ここまでは日本型の職業教育コースの充実について考えてみた。

続いて、日本で「欧米流の精鋭型教育」を行う方法を考えてみたい。といっても、新たに少数精鋭の総合大学を新設することはまず無理だろう。

そこで逆転の発想なのだが、今ある大学の中に、グランゼコールを作ってしまうのはどうだろう。もちろん、学科増設ではない。大学3・4年からの専門課程に少数精鋭のエリートコースを設け、そこに学内の成績優秀者を選抜して送り込む、という手法で、だ。

たとえば、1学年の学生数が万に迫る早慶でも、それぞれ、500名規模の「学内グランゼコール」を作り、2年生までの成績や、基礎能力試験、面接などにより絞りに絞って集める。

この「早慶のトップ500名」ということであれば、企業も「何とか早くアプローチしたい」と息巻くことだろう。ただ、これが単に早期採用の草刈り場になってはいけない。

そこで、いくつか工夫をする（**図表㊳**）。

①この500名の選抜学部は、中を業種別に10～20ぐらいに細分化し、本人希望により専攻させる。たとえば「IT／通信」「自動車」「マスコミ」「広告／宣伝」「総合商社」「銀行」「保険」「証券」「Web／eコマース／ゲーム」「食品・化粧品」などの超人気分野ごとに、それぞれ50名程度の定員とする。

②業界ごとに「スポンサー企業」を5社程度募る。企業は、入札により選ぶ。入札内容は寄付金額、教育への協力度合、の2つで評価して決める。

③スポンサー企業は、学生選抜にも参加可能。進路振り分け時の面接に社員を送って応募学生を評価し、業界に適した人を選べる。

今の早慶ではとにかく大きすぎる。だから教育も行き届かないし、企業も連携することに魅力を感じない。それが、「自社の産業を志向するトップ50名の精鋭」であれば、いく

図表㊳　日本型後付け型グランゼコール

学年定員**1万名！**　政経　法　商　文　国際　理工

▼

<u>特別学科</u> **500名** 1・2年の成績と面接で少数選抜する

▼

学科構成は「産業別」とする
各学科は<u>**50名**</u>の少数精鋭クラス

商社	マスコミ	Web	情報	通信	電気	自動車	金融	流通

▼

各学科は、5社限定の寄付講座形式とし
1社1,000万円以上で業界ごとに入札

<自動車業界なら>
トヨタ…2,000万円
日　産…1,500万円
三　菱…1,200万円
ホンダ…1,100万円
マツダ…1,000万円

3年次の選抜試験作成や面接にも落札5社が携われる！

寄付金と、企業からの講師派遣により、他部門とは比較できないほどの充実した教育を実現する。

▶

この5社がシラバス設計に加わり業界人材を育成
①ケーススタディ（MBA）
②リエゾン
③インターンシップ
④基礎業界知識

▼

優秀者を採用可能
①業界知識を積み、
②就業も経験した即戦力で、
③就学中に全人格把握でき、
④間違いのない採用ができる

「精鋭500名を、選び、育て、採用できる！」後付け型グランゼコールらでも協力は辞さない。そういう仕組みを作ってしまうのだ。その企業は金だけでなく、思いっきり汗も掻いてくれるはずだ。いくつもの授業を熱心に開催してくれるだろう。

そうして育てれば、将来即戦力になりうるし、他業界（の知識が薄いから）への流出も避けられる。学生と接する中で、面接ではわからない情報を手に入れ、合否判断もしっかりできるようになる。そして、学生からの好感度も上がる。だから協力を惜しまないはずだ。

いやこれは単なる絵空事ではない。かつて、経産省と文科省主導で「アジア人材資金構想」というプロジェクトがあり、この事業の中で留学生の多い大学を選び、そこで連携講座を持ってくれる企業を募集していた。優秀な留学生が多い上位大学が主体だったために、この連携講座に手を挙げた企業は多い。そして、授業を通して学生の個性がわかり採用に至ったケース、授業を通して企業の良さを知り、強く応募したケースなどが多々生まれた（２００７〜２０１２年度終了）。

一般大学ですでに学内グランゼコールの成功事例が

こんな話を書くと、「それは早慶などのトップ大学だけの改革案に過ぎない」と言われそうだが、それは間違いだ。いやむしろ、一般大学にこそ、学内グランゼコールを提唱したい。

ただし、選抜度合いは早慶とは異なってくる。

早慶なら「上位500名」と書いたが、大学のブランドに応じてその数の調整が必要だ。MARCH（明治・青山学院・立教・中央・法政）クラスなら200名とか、日東駒専なら100名とかに数を絞って精鋭度合を上げれば、振り向く企業も少なくないだろう。

もう少しブランド力が弱い大学であれば、10～20名でもいいので、そんな学内の精鋭を絞って集める仕組みを作るのだ。どの大学でも、トップ10や20に選ばれていた学生となれば、やはり企業は話を聞いてみたくなる。

たとえば、三重県にある皇學館《こうがくかん》大学は特別選抜チームを作り、学内優秀者を集めて、徹底的なトレーニングを行った。その結果、昨年度は人気ランキング100位に入る大手企業に3名も内定者を出しているという。来年度からは奈良県にある帝塚山大学が、上位30名程度を集めて「金融業界専門クラス」を作るとも聞く。そこには学業優秀者のみが所属し、銀行に就職すれば入社3年以内に取得せねばならない資格を、在学中にあらかた取らせるという。こんな話を出されれば、金融機関はともあれ面接で彼らの話を聞きたいと思うに違いない。

つまり、人数さえ絞れば、この仕組みはどこの大学でも作れる。

結果、どこの大学に入ろうが、在学中に本気で頑張れば、就活では報われることになる。それは今よりも勉強する風土が大学に根付くきっかけにもなるのではないか。

日本社会の「階段を上る」メカニズム

と、ここまで、職業コースとトップエンド双方の対応策を考えてきた。

では、そのどちらでもない、いわゆる普通の大学生一般に対して、大学はどのように対応していけばいいのか。どのような仕組であれば、日本の社会や個人の心になじむのか、という観点から書いていきたい。

まず、繰り返しとなるが、日本の企業は、「入った時の仕事をずっとしていられては困る。習熟を積んでどんどん上の仕事を目指してほしい」と考えている。同時に働く人々は、「同じ給与で同じ仕事だったら、いつかは飽きてしまう」と思っている。

要は、どちらも「階段を上る」ことが前提なのだ。

とすると、この「階段を上る力」を厳しく育てること。それが大前提となる。

こう書くと「それは社会人基礎力のようなものか」という質問が出そうだ。いや、そんな小難しい力ではない。いわゆる普通の企業で「階段を上っていく」力とは、どんなものだろうか。

まず、日本型の職務無限定雇用の仕組みは、誰にでもできそうな仕事を寄せ集め、何も知らない未経験者にやらせることから始まる。だから、素人でも問題なく入り込める。ただ、それでも当初は戸惑う。そこで叱られ、恥をかき、それに耐えると、直にうまくなり余裕ができる。そうすると「暇は許さない」と、タスクを入れ替えられ、徐々に難易度の高いタスクの割合が増えていく。こんな形で、知らない間にどんどん難易度が上がっていく。この「叱られ、恥をかき、耐え、慣れたら次の難題が与えられる」というサイクルについていけるような人間を企業は一番望んでいるのだ。

日本的社会が必要とする当たり前の力

この仕組みに合致するために必要なのは、具体的には以下のような能力となるだろう。

①忍耐力・継続力

②思考力（論理構成）
③咀嚼力・説明力（話す・聞く）
④協調性（仲間とうまくやる）
⑤社会適応力（マナー、ルールを守る）

この5つが揃っていれば、そこそこの企業に採用はされる。ところがこの5つが最近（いや昔からか）の大学生には乏しい。だから就職が覚束なくなる。

さあ、ここに挙げたものを鍛えるにはどうしたらよいか？

まず、①〜③の「忍耐・継続、論理構成、話す・聞く」の力。これこそ、コロンブスの卵というか、本来のアカデミズムの本道だろう。学問を修得する努力が、こうした力を培う。

ならば、講義やゼミの運営を徹底的にハードにすれば、それですむのではないか？

授業に即して、毎回レポートを書かせる。それも、「書けばいい」という内容ではなく、論旨の乱れを突き、また冗長な文体をただし、的確な比喩や模式化を促すように、びっしり赤入れをする。

講義ではプレゼンテーションやディベートを取り入れる。それも、聴講学生たちに評価をさせ、納得できたか、どちらが勝ちかなどを突きつける。

期末に論文を出させ、それは学術論文同様にしっかり査読し、付箋をびっしり貼って、それをクリアするまで、何度もだし直しをさせる。

こんな授業を繰り返せば、「話す・聞く」「考える・理解する」「耐える・続ける」力は自ずと培われていくだろう。その過程は、企業の「無理難題」に耐えながら腕を磨く社会人生活と相通じる。ここまでやれば、企業の生活こそ「楽」に感じるのではないか。

今の学部編成で、それは十分培える

で、何を題材にするか。再度言おう。題材は、法律・政治、経済・経営、文学、教育、芸術といったいわゆる一般的な専攻のままで、その中にいくらでも探せるだろう。ただ、そこは考えさせるように授業は工夫が必要だ。法律論や文学論などを時には中等教育レベルにかみ砕き、現代流のサブカルや時事ネタまで交えて、学生が「思わず考えたくなる」ような形の題材に組み替えなければならないだろう。

たとえば、「なぜ、鳥取県と島根県は単独で参議院議員を1人も出せないのか」。時事的なこのネタは、十分に憲法論議にまで発展する。「現在国は、国民に借金をすると利子が付かず逆に儲かる。これはなぜか」などは金融政策を考えさせることになるだろう。すでにこうした題材で調査研究させ、ディベートを繰り広げさせる教授も少なくない。考える専門家が大学教授なのだから、学生のレベルに合わせて、思わず取り組みたくなるような題材をぜひ考えてほしい。そして、学生たちの提出物や発表に対しての評価は、厳しさを格段にあげる。どちらも本来の趣旨に戻り、本分に汗を流すだけのことだ。

襟を正せば、そのままでいい

気づかないか。欧州の階層社会は、上にも横にも閉じて、一生同じ仕事をする。その賽《さい》の目構造に合うように、教育も進化してきた。日本の「上に向かう」社会では、企業は全人格的な能力を重視する。だからこそ、全人格形成ができるアカデミズムが大学の基本になった。つまり社会相応の形になっているともいえる。

要はその機能がフルに発揮されていなかったことが問題なのだろう。とすれば、アカデミズムの本旨である全人格教育という原点に立ち返る。それだけで、今の社会にマッチした大学に十分変われるのではないか。

「働く」は、縦と横の比較の中で語ろう（終わりに代えて）

教育と雇用の話となると、誰もが一家言を持っている。
それは、ほぼ100%に近い人が、教育を受け、働いた経験を持っているからだ。
それだけに、みな自分がセミプロだと思っているから、この領域は視界不良となる。
なぜか。

多くの人が語る教育・雇用論は、自分の経験のみに裏打ちされているからだ。それでも教育に関しては、塾やPTAなどで情報交換も頻繁になされ、さらに社内や交友関係の中に多種の学校卒業者が集うから、まだ周囲の状況も理解したうえで、話ができるだろう。

雇用については、本当に「自分の見てきたこと」が強く反映される。せいぜい、数社程度しか見ずに「セミプロ」化してしまうのだ。

彼らが、国内の働き方に関して言及しているうちはまだいい。それが、海外の話となると、まさに比較軸がない中で、自分の経験論の極みとなっていく。そうして、欧や米の

「自分の見てきたいいこと」のみを有識者たちが語る。言葉の力を持つ彼らが声高に叫ぶために、日本人は欧米について、ずいぶん呑気な誤解を抱いてしまっている。

本当は、各国についてたくさんの「働く」を見て、その上に、過去の「働く」も見て、さらにそれでもまだ足りないから、裏付けとなるたくさんの「データ」や「研究」も見て、それで、何がよくて何が悪いのか、しっかり品定めしてからでないと雇用の話は語れない。「雇用システムは各国ごとにユニークな側面がある。ただ、どの国の仕組みも一長一短があり、万能なものなどない」と、雇用のご意見番と目されるＪＩＬＰＴ統括研究員の濱口桂一郎氏はかつて私に語ってくれた。そう、まさにその通りだろう。だから、一方的な日本型批判ではなく、日本の良い面、そして一方的な外国礼賛ではなく、外国の悪い面、すべてを棚卸して、意見を作っていきたい。

この書ではそこを意識した。

たくさんの識者にも登場いただいたが、その人選にも同様の意図を持っている。

①海外でも日本でも働いたことがある人。

②研究者と社会人（官僚含む）の両方を経験した人。

基本、この2条件の最低でもどちらかを満たす人を選んでいる（両方満たす人もいる。中島豊氏、牛島仁氏、辻田祐純氏、夏目達也氏がそれにあたる）。複眼でものを語る人たちだから、一方的に日本の現状を糾弾するようなところは少なく、現実的な解を唱えている。

以下、振り返ってみよう。

「あらゆる社会にいい面、悪い面がある。総合的に比較しないと優劣は安易につけられないでしょう」（夏目達也氏）

「卒業後でも段階的参入ができるフランスの方がいい、という意見も出ましたが、フランス社会の現実を知った多くの学生は、日本の方がいいという意見になったようです」（五十畑浩平氏）

「それぞれの国の社会構造が異なる中で、他国の事例を日本にそのまま接ぎ木するという話は、現実性がないと思います。ましてや、日本は若年の失業率が先進国の中でも低く、それには新卒一括採用が寄与していることは否めません。ならば、それを肯定したうえで、高度人材育成という社会的テーマを阻害しないように、産業界と教育界が歩み寄り、知恵

を出し合うべきではないでしょうか。今後もそうやって、実現可能で実効性のある就活ルールを作っていきます」（吉岡知哉氏）
「『採用』に関しても、『Recruiting』と『採用』は訳せば同じ言葉だからといって、日本の文化や慣習の延長線上で捉えて、向こうのプラクティスだけを導入しようとしても無理が生じてしまうと思います。／人事部門も、彼我の違いをきちんと理解し、日本の制度の中に組み入れられるものとそうでないものを見分ける能力を身につけなければならない時期に来ていると言えるでしょう」（中島豊氏）
横（諸外国）と縦（日本の過去）を十分に知った上で日本を斬れば、ほぼ識者の視点は一致する。見栄えのよい（ただし実現不可能な）パラダイムチェンジよりも、功罪のバランスをとりながら、残すべき点を傷つけず、直すべき点を優先順位にしたがって、正していく。それしかないのだろう。この本はそこを意識した。

かく言う私にも、反省の原体験がある。
自分は、リクルートグループで、最初は求人広告ライターとして1000社以上の企業を取材して記事を書いた。その後、雑誌「ワークス」の編集長や「HRmics」の編集長としてまた数百社を取材している。だから日本型については、たくさんの「働く」を見てきたつもりだ。

諸外国というとまずはアメリカだが、この国には21年前に初取材をして以来、都合6回、いずれも1回当たり10社以上に赴くという形で、長期取材を敢行している。合計すれば、100社に迫る企業訪問になるだろう。だから、そこそこ「働く」を見てきた。

それが、3年前くらいの自分だ。そして、そのころ「働く」について、こんなことを考えていた。

「アメリカの『働く』は、出入り自由な分、生存競争も激しい。なかなか厳しいな。それよりは日本の方が楽でいいか。でも、欧州はきっと、両者にないもっと幸せな『働く』があるのだろう……」

当時はまだ、欧州を取材していない。だから「横」を知らず夢を描いていたのだ。

そうして3年前から急繕いで欧州でのヒアリングを重ねていく。フランスとドイツの中間層を中心に30人程度取材をした。その度ごとに、ノックアウトされそうになってしまった。

「フランスに生まれなければよかった」

「私たちは籠の鳥だ」

「いや、箱の中のネズミだよ」

「おでこにラベルも貼られているしさ」

「残業しない理由？　簡単だよ。外食する金がないから。夕飯は嫌でも家で食べないと」

「こんなホテル、入っただけで緊張して、足が震える（シェラトンでの取材時に）」

伝え聞いていたワークライフ充実社会は、こんなものだったのかとショックを受けた。

昨今、欧州で極右政党が跋扈し、イギリスがEUを離脱するという理由も、今ではすっかりわかる気がした。そう、社会の中間層にさえもう、かなり不平不満がたまっている。

それが、欧州の現実であり、「働く」も類似構造になっている、と（続きは次著にて）――。

縦・横の視点を少しだけ積み増したうえで、5年ぶりに就活についてのジャーナリスティックな本を上梓する。

海老原嗣生

2016年晩秋

参考文献

・五十畑浩平「フランスにおける若年者向け雇用政策の変遷——雇用創出型政策から職業教育型政策への流れ——」（2012）「経済学論纂」52（3）
・宮本悟編著『フランス——経済・社会・文化の実相』（中央大学出版部）
・OECD編著（濱口桂一郎／監訳　中島ゆり／訳）『日本の若者と雇用』（明石書店）
・労働政策研究・研修機構『データブック国際労働比較2016』
・濱口桂一郎『新しい労働社会』（岩波新書）
・濱口桂一郎『働く女子の運命』（文春新書）
・葉山滉『フランスの経済エリート』（日本評論社）
・鶴光太郎『人材覚醒経済』（日本経済新聞出版社）

（本文中に記載のあるものは除く）

海老原嗣生（えびはら　つぐお）

1964年生まれ。上智大学経済学部卒業後、大手機械メーカーに入社。その後、大手人材系企業に転職。新規事業企画や人事制度設計などに関わった後、2008年同社を退職し、HRコンサルティングを行う株式会社ニッチモを設立。「週刊モーニング」（講談社）の転職エージェント漫画『エンゼルバンク』のカリスマ転職代理人・海老沢康生のモデルでもある。主な著書に『学歴の耐えられない軽さ』（朝日新聞出版）、『いっしょうけんめい「働かない」社会をつくる』（PHP新書）、『仕事をしたつもり』（星海社新書）、『女子のキャリア』（ちくまプリマー新書）『即効マネジメント』（ちくま新書）などがある。

文春新書

1105

お祈《いの》りメール来《き》た、日本死《にほんし》ね
「日本型新卒一括採用《にほんがたしんそついっかつさいよう》」を考《かんが》える

2016年（平成28年）11月20日　第1刷発行

著　者　海老原嗣生
発行者　木俣正剛
発行所　株式会社　文藝春秋

〒102-8008　東京都千代田区紀尾井町3-23
電話（03）3265-1211（代表）

印刷所　理想社
付物印刷　大日本印刷
製本所　加藤製本

定価はカバーに表示してあります。
万一、落丁・乱丁の場合は小社製作部宛お送り下さい。
送料小社負担でお取替え致します。

ISBN978-4-16-661105-8